Martin R. Textor
Elternarbeit im Kindergarten

AF155731

Martin R. Textor

Elternarbeit im Kindergarten

Ziele, Formen, Methoden

Books on Demand GmbH

Herstellung und Verlag: BoD - Books on Demand, Norderstedt
Alle Rechte vorbehalten – Printed in Germany
4. Auflage 2021
© Martin R. Textor, www.martin-textor.de
Umschlagfoto: © Franz Pfluegl - Fotolia.com

ISBN 978-3-8334-3663-5

Inhalt

Vorwort

Familie und Kindergarten sind die wichtigsten Lebenswelten und Sozialisationsinstanzen für Kleinkinder. Sie sind verantwortlich dafür, dass sich Kinder Kenntnisse über Natur, Technik, Gesellschaft, Kultur und Wirtschaft aneignen, Kompetenzen und Fertigkeiten entwickeln, Werte und Normen internalisieren und sozial wünschenswerte Verhaltensweisen zeigen. Bei der Erziehung und Bildung des jeweiligen Kindes können Eltern und Erzieher/innen einander ignorieren, gegeneinander arbeiten oder miteinander kooperieren – mit all den möglichen Zwischenstufen.

Es dürfte offensichtlich sein, dass nur die Zusammenarbeit von Familie und Kindergarten dem Kindeswohl entspricht. Der von den Erzieher/innen hierbei zu leistende Beitrag wird traditionell als *Elternarbeit* bezeichnet. Damit ist die Gesamtheit der Angebote gemeint, die sich direkt oder indirekt an die Eltern eines Kindergartenkindes richten (und eventuell an seine Geschwister und Großeltern).

In den letzten Jahrzehnten sind die Ansprüche an die Elternarbeit wegen des Familienwandels, der zunehmenden Erziehungsunsicherheit bei Eltern, der wachsenden Zahl von Kindern mit besonderen Bedürfnissen und vieler weiterer Gründe gestiegen. Die Erzieher/innen haben auf diese Entwicklung reagiert, indem sie beispielsweise die Elternbildung intensiviert haben, mehr Termingespräche durchführen, Eltern beraten und Hilfsangebote psychosozialer Dienste vermitteln.

In diesem Buch sollen Ziele für die Kooperation von Familie und Kindergarten formuliert, die wichtigsten Formen der Elternarbeit detailliert und die übrigen Angebote kursorisch dargestellt, verschiedene Arten von Termingesprächen beschrieben sowie Methoden zur Planung eines bedarfsgerechten und die Erzieher/innen nicht überfordernden „Elternprogramms" erläutert werden.

Das Buch muss nicht von vorne bis hinten gelesen werden, sondern es können auch einzelne Kapitel herausgegriffen werden, für deren

Thematik gerade ein besonderes Interesse besteht. Diese Möglichkeit bedingt jedoch, dass es im Folgenden einige unbedeutende Wiederholungen gibt. Immer aber sollte Teil 1 des Buches gelesen werden, da hier die der Publikation zugrunde liegende Konzeption der Elternarbeit als einer *Erziehungs- und Bildungspartnerschaft* erläutert wird.

Für die dritte Auflage des Buches wurde der bisherige Text überarbeitet. Obwohl seit der ersten Auflage immer mehr Kindergärten zu Kindertageseinrichtungen umbenannt wurden, wird weiterhin der erstgenannte Begriff im Titel dieses Buches – und zumeist auch im Text – verwendet. Aus an anderer Stelle (Textor 2012) erläuterten Gründen zieht der Autor den Ausdruck „Kindergarten" anderen Bezeichnungen wie „Kindertagesstätte" oder „Kita" vor. Es gibt auch keinen Grund, den Begriff auf die Betreuung von Kindern ab dem dritten Lebensjahr bis zu ihrem Schuleintritt zu verengen. Mit „Kindergarten" sind also im Folgenden alle Tageseinrichtungen für null- bis sechsjährige Kinder gemeint.

Für die vierte Auflage wurden Begriffe gendergerecht umformuliert. Ferner wurden einige Aktualisierungen im Text und bei den Literaturangaben vorgenommen.

Die Bezeichnung „Erzieher/innen" wird in diesem Buch stellvertretend für alle Beschäftigen in Kindergärten gebraucht, also auch für Sozialpädagog/innen, Kindheitspädagog/innen, Kinderpfleger/innen, Sozialassistent/innen, Praktikant/innen usw. Der besseren Lesbarkeit willen wird von „Erzieherin" gesprochen, wenn der Singular verwendet wird. Erzieher werden um Verständnis für diese Sprachregelung gebeten.

1. Erziehungs- und Bildungspartnerschaft

Seit Jahrzehnten ist wissenschaftlich nachgewiesen, dass die Familie einen bei weitem größeren Einfluss auf die Erziehung und Bildung von (Klein-) Kindern hat als Kindergarten und Schule. Beispielsweise wurde schon in den 1960er Jahren in den damals Aufsehen erregenden Büchern „Equality of educational opportunity" von Coleman et al. (1966) und „Children and their primary schools" von Plowden (1967) anhand von Untersuchungen aufgezeigt, *dass der Anteil der Schule am Schulerfolg von Kindern nur etwa halb so groß wie der Anteil der Familie ist.* Seitdem wurden Hunderte von empirischen Studien veröffentlicht, die zu ähnlichen Ergebnissen kamen. Auch die vielen seit der Jahrhundertwende erschienenen internationalen Vergleichsstudien wie PISA, TIMMS oder IGLU belegten immer wieder, dass die Schulleistungen weitgehend von Familienfaktoren abhängen (Bildungsstand der Eltern, sozioökonomischer Status, Migrationshintergrund usw.).

Auch der Kindergarten hat bei weitem nicht einen mit der Familie vergleichbaren Einfluss auf die kindliche Entwicklung und die späteren Schulleistungen. Die erste Längsschnittuntersuchung in der Bundesrepublik Deutschland, die sich mit dieser Fragestellung befasste, wurde 2005 von Tietze, Roßbach und Grenner vorgelegt. Hier wurde u.a. festgestellt, dass am Ende der Kindergartenzeit je nach Kriteriumsvariable 6,3 bis 21,9% der Entwicklungsvarianz durch die Qualität des Familiensettings und nur 3,6 bis 8,4% an zusätzlicher Varianz durch das Kindergartensetting erklärt werden konnten. Am Ende der zweiten Grundschulklasse war der Anteil an der modellerklärten Varianz, die auf die Familie zurückging, rund doppelt so groß wie der Anteil des Kindergartens und der Schule.

Die ersten Ergebnisse der „Nationalen Untersuchung zur Bildung, Betreuung und Erziehung in der frühen Kindheit" (NUBBEK) bestätigen, dass die Familie einen viel größeren Einfluss auf die kindliche Entwicklung als die Kindertagesbetreuung hat. Die Wissenschaftler schreiben: „Die Zusammenhänge mit den Familienmerkmalen sind z.T. um ein Vielfaches stärker als die mit den Merkmalen der außerfamiliären Betreuung" (Tietze et al. 2012, S. 11).

Amerikanische und britische Längsschnittuntersuchungen, die dank großer Stichproben repräsentativer als die meisten deutschen Studien sind, kommen zu demselben Ergebnis. Beispielsweise ergab die „NICHD Study of Early Child Care" (Textor 2007a), dass Familien- und Kindfaktoren einen größeren Teil der Varianz hinsichtlich der kognitiven, sozioemotionalen und Sprachentwicklung erklärten als Variablen der Fremdbetreuung. Auch bei der größten europäischen Längsschnittuntersuchung, der „Effective Provision of Pre-School Education (EPPE)"-Studie aus Großbritannien, wurde immer wieder der starke Einfluss der Qualität des „home learning environment" betont (Textor 2007b).

Die Familie prägt aber nicht nur die kognitive bzw. intellektuelle Entwicklung von Kindern, sondern auch ihre *soziale, emotionale und personale Entwicklung*. So ist allgemein anerkannt, dass der Einfluss der Eltern auf das Verhalten und Erleben ihrer Kinder bei weitem größer ist als der Einfluss von Kindergarten und Schule.

Von der Elternarbeit zur Erziehungspartnerschaft

Wenn die Familie eine so große *Erziehungs- und Bildungsmacht* ausübt, müssen Erzieher/innen die Zusammenarbeit mit den Eltern suchen, wenn ihre pädagogische Arbeit von Erfolg gekrönt sein soll. Die Voraussetzung hierfür ist, dass beide Seiten zunächst einmal erkennen und akzeptieren, dass die Bildung bzw. Erziehung eines Kindes eine gemeinschaftliche *Ko-Konstruktion* von ihnen (und dem jeweiligen Kind) ist. Sie sind sozusagen *„natürliche" Partner*. Eltern und Erzieher/innen sollten sich somit als Ko-Konstrukteure verstehen, die *gemeinsam die Verantwortung für das Wohl des Kindes übernehmen und bei seiner Erziehung und Bildung zusammenarbeiten*.

Dieses Kooperationsverhältnis wird heute als „Erziehungs- und Bildungspartnerschaft" bezeichnet. Damit sind grundlegende Unterschiede zu früheren Konzepten der Elternarbeit impliziert, die

10

nun kurz skizziert werden sollen: Bei der *klassischen Konzeption* beschränkte sich Elternarbeit zumeist auf Elternabende und – bei Bedarf – auf Termingespräche. Die Eltern mussten ihre Kinder im Eingangsbereich des Kindergartens abgeben, durften also nicht die Gruppenräume betreten. Dies verhinderte weitgehend Tür- und Angel-Gespräche.

Schon seit den 1960er Jahren konkurriert das Konzept einer *intensiven Elternarbeit* mit der klassischen Konzeption. Hier wird die Familienerziehung von Erzieher/innen kritisch gesehen, und so soll Eltern pädagogisches Fachwissen vermittelt werden. Ein typischer Elternabend hat dann ein Thema wie „Gefahren des Fernsehens" oder „Gesunde Ernährung und ausreichend Schlaf – Voraussetzungen für erfolgreiches Lernen im Kindergarten". Die Erzieher/innen definieren sich hier als kompetente Pädagog/innen, während ein Großteil der Eltern als inkompetent betrachtet wird.

Den vorgenannten Konzeptionen ist somit ein *hierarchisches Verhältnis* zu eigen. Impliziert ist die einseitige Beeinflussung der (passiven) Eltern durch die Fachkräfte – sie „be*arbeiten*" die Erziehungsberechtigten. Dies ist anders, wenn Elternarbeit als eine *Dienstleistung* verstanden wird (z.B. Jansen/Wenzel 1999). Hier werden Eltern als „Kunden" gesehen, die Angebote der Einrichtung „konsumieren". Diese sind an ihren spezifischen Wünschen und Interessen auszurichten, was viele Wahlmöglichkeiten bedingt. Eine hohe Qualität der Elternarbeit ist gegeben, wenn die Eltern mit dem Dienstleistungsangebot zufrieden sind. Das Motto lautet somit: „Der Kunde ist König".

Die neuste Konzeption der Elternarbeit ist die *Erziehungs- und Bildungspartnerschaft*. Hier werden die vorgenannten Konzepte für nicht mehr zeitgemäß gehalten – zum einen seien die meisten Eltern nicht inkompetent und den Erzieher/innen untergeordnet, zum anderen könne es bei dem geringen Zeitbudget für Elternarbeit nicht darum gehen, irgendwelchen Wünschen von Eltern zu entsprechen.

1.1 Ziele der Elternarbeit

Das zentrale Ziel, mit Eltern eine Erziehungs- und Bildungspartnerschaft einzugehen, lässt sich weiter aufschlüsseln. Es umfasst die nachfolgend beschriebenen Zieldimensionen bzw. Teilziele.

Von besonderer Bedeutung für die Elternarbeit ist die *wechselseitige Öffnung*: Eltern und Erzieher/innen müssen Zeit finden zum Austausch wichtiger Informationen über das Verhalten des Kindes in Familie und Kindertageseinrichtung, die Lebenslage der Familie, die Kindergartensituation, Probleme und Belastungen. Auch sollten die pädagogische Arbeit in der Kindertagesstätte und die ihr zugrunde liegende Konzeption verdeutlicht werden. Die Eltern wollen beispielsweise wissen, wie die Erzieher/innen dem Bildungsauftrag des Kindergartens entsprechen, welche Methoden sie einsetzen, wie mit der gesamten Gruppe gearbeitet wird, wie einzelne Kinder individuell gefördert und auf welche Weise sie auf die Schule vorbereitet werden.

So wird einerseits den Eltern der Lebensbereich „Kindergarten" transparent gemacht, während andererseits die Erzieher/innen Einblick in die Familiensituation der ihnen anvertrauten Kinder erlangen und diese in ihrer pädagogischen Arbeit berücksichtigen können *(familienergänzende Funktion* der Kindertageseinrichtung). Beide Seiten entwickeln Verständnis für den Lebenszusammenhang und die Problemsicht der jeweils anderen. Sie lernen das Kind aus dem Blickwinkel eines anderen Erwachsenen kennen, werden zur Reflexion eigener Erziehungsvorstellungen und Erfahrungen angeregt und erkennen die Kompetenzen der jeweils anderen Seite an.

Erst die wechselseitige Öffnung ermöglicht eine *Abstimmung von privater und öffentlicher Erziehung bzw. Bildung*. Erzieher/innen und Eltern tauschen sich über ihre Erziehungsziele, -stile und -methoden aus und streben nach einem Konsens. Aus der bisher üblichen *parallel erfolgenden* Erziehung und Bildung in Kindergarten und Familie wird ein gemeinschaftliches Unterfangen auf der Grundlage eines gemeinsamen Erziehungskonzepts; beide Seiten bilden eine *erziehen-*

de und bildende Kooperationsgemeinschaft. Zugleich werden die Verantwortungsbereiche und Rollen von Eltern und Erzieher/innen gegeneinander abgegrenzt. Bei unterschiedlichen, aber akzeptablen Erziehungsstilen können beide Seiten zu wechselseitiger Toleranz finden, sodass sie nicht gegeneinander arbeiten. Kleinkinder „erfühlen" die Beziehung zwischen ihren Eltern und den Erzieher/innen. Erleben sie hier eine von Verständnis, Vertrauen und Wertschätzung getragene Allianz, wird sich dieses auf ihr Verhältnis zu den Fachkräften und auf ihr Explorationsverhalten positiv auswirken.

Öffnung kann auch bedeuten, dass Eltern *in der Gruppe hospitieren* können. Dies hat den Vorteil, dass sie den Kindergartenalltag direkt und unmittelbar kennen lernen. Sie nehmen Anteil am Leben ihres Kindes in der Gruppe und vermitteln ihm den Eindruck, dass sie sich für das interessieren, was es in der Einrichtung erlebt. Oft erkennen die Eltern ganz neue Seiten an ihrem Kind, wenn sie es im Umgang mit anderen oder beim Spielen beobachten. Zudem erleben sie den pädagogischen Stil der Erzieher/innen und sehen, wie diese die Entwicklung der ihnen anvertrauten Kinder fördern und mit problematischen Verhaltensweisen umgehen. Sie schätzen die Arbeit der Fachkräfte mehr und erkennen den Wert des Freispiels.

Die wechselseitige Öffnung, aber auch die Beobachtung des erzieherischen Verhaltens der Fachkräfte, führt oft zu Gesprächen über Erziehungsziele, -praktiken und -probleme. Damit ist ein weiteres Ziel der Elternarbeit angesprochen: die *Einwirkung auf das Erziehungsverhalten der Eltern.* Dies kann aber auch z.B. durch Elternabende mit Kurzvorträgen über die kindliche Entwicklung, in Gesprächsgruppen zu pädagogischen Themen oder durch das Besprechen von Erziehungsfragen der Eltern „zwischen Tür und Angel" bzw. im Büro erreicht werden. Dabei kommt es darauf an, das kindliche Erleben und Verhalten zu verdeutlichen, positive und negative Seiten der Kinder aufzuzeigen, ihre Individualität zu würdigen, den Stellenwert der Familienerziehung zu betonen, ein entwicklungsförderndes, positiv wirkendes Verhalten von Eltern zu beschreiben, Erziehungsfehler anzusprechen und der häufig zu beobachtenden Verunsicherung von Eltern in pädagogischen Fragen entgegenzuwirken. Zur *Elternbildung* können ferner Informationen über altersgemäße Beschäftigungsmöglichkeiten und Förderangebote, über altersentsprechende Spiele, Bücher und Aktivitäten sowie über ein besseres Freizeitverhalten der Familienmitglieder beitragen (z.b. Reduzierung der Mediennutzung, Förderung von Selbsttätigkeit und Kreativität). Hilfreich ist auch das Lernen am Modell der Erzieherin (z.B. durch Beobachtung ihres Umgangs mit Kindern oder durch Information über ihre Reaktionen auf problematische Verhaltensweisen von Kindern). Schließlich kann die Vaterrolle reflektiert werden, wodurch Erzieher/innen einen Beitrag zur Intensivierung der Vater-Kind-Beziehung und zur Einbindung von Vätern in die Erziehungsarbeit leisten.

Erziehungspartnerschaft bedeutet auch, dass Eltern bei Erziehungsschwierigkeiten oder Verhaltensauffälligkeiten ihrer Kinder mit *Beratung durch die Erzieher/innen* rechnen können. Gemeinsam wird das Verhalten des jeweiligen Kindes analysiert, werden die Ursachen von Problemen abgeklärt und geeignete Lösungsmöglichkeiten gesucht.

Neben der Beratung bei Erziehungsfragen ist auch die *Unterstützung bei anderen Familienproblemen* ein Ziel der Elternarbeit. Je mehr sich Erzieher/innen mit der familialen Lebenslage der ihnen anvertrauten Kinder auseinandersetzen, umso mehr werden sie mit Ehekonflikten, den Folgen von Scheidung und Alleinerzieherschaft, mangelnden sozialen Kontakten von Eltern, unbefriedigenden Wohnsituationen oder aus Arbeitslosigkeit und Armut resultierenden materiellen Nöten konfrontiert. Sie müssen für die Schwierigkeiten der Familie Verständnis zeigen, verbale und emotionale Unterstützung bieten und *notwendige Hilfsangebote psychosozialer Dienste vermitteln*. Dazu gehört, dass sie auf Rechtsansprüche (z.B. auf finanzielle Sozialleistungen) hinweisen, zur Kontaktaufnahme mit Behörden und Beratungsstellen motivieren oder selbst – im Einvernehmen mit den Eltern – den Kontakt herstellen. Oft reichen aber auch die Möglichkeiten des Kindergartens aus: So kann beispielsweise (berufstätigen) Alleinerziehenden Kinderbetreuung durch andere Eltern an Abenden oder während der Ferien vermittelt und ihnen durch die

Gründung eines Alleinerziehendentreffs die Möglichkeit zum wechselseitigen Austausch und zur gegenseitigen Hilfe geboten werden. Erziehungs- und Bildungspartnerschaft bewährt sich in der *Mitarbeit von Eltern* in der Kindertageseinrichtung. So können diese in den Kindergartenalltag einbezogen werden oder an besonderen Aktivitäten, bei Projekten und Veranstaltungen sowie an deren Planung mitwirken. Auf diese Weise kommen Kinder in engeren Kontakt mit anderen Erwachsenen und machen neue Erfahrungen (z.B. durch das Erleben der Erwachsenenwelt, das Spielen mit anderen Eltern usw.). Manche Mütter und Väter sind auch bereit, beispielsweise im Elternbeirat, bei Renovierungs- oder Gartenarbeiten, in der Kindergruppe oder bei der Vorbereitung und Durchführung von Festen und anderen Aktivitäten mitzuarbeiten. Ferner können Eltern der Kindergruppe den Zugang zu Einrichtungen der Gemeinde, zu Institutionen des Kulturbereichs oder zur Arbeitswelt erschließen, zur Entlastung der Erzieher/innen beitragen und als „Botschafter" des Kindergartens in der Öffentlichkeit wirken.

Erziehungs- und Bildungspartnerschaft darf nicht im Unverbindlichen bleiben, sondern muss mit *Mitbestimmung seitens der Eltern* verbunden sein. Die Fachkräfte können Eltern beispielsweise an der Konzeptionserstellung, der Jahres- bzw. Rahmenplanung, der Projektarbeit oder der Organisation von Festen und besonderen Aktivitäten beteiligen. Werden ihnen echte Rechte im Elternbeirat übertragen, werden sie auch als Interessenvertreter von Kindern und Kindergarten gegenüber dem Träger und in der Öffentlichkeit auftreten und sich als Verbündete der Erzieher/innen für eine Verbesserung der Rahmenbedingungen engagieren. Mehr Partizipation seitens der Eltern ist zugleich ein Beitrag zur *Demokratisierung* der Gesellschaft. Eltern sollten die Verantwortung für die Betreuung ihrer Kinder mit den Erzieher/innen teilen.

Heute legen Eltern großen Wert darauf, in der Kindertageseinrichtung mit anderen Eltern zusammenzukommen und sich mit ihnen über Erfahrungen mit ihren Kindern, Erziehungsfragen, Lebensprobleme und andere sie interessierende Themen auszutauschen. Gelingt es den Erzieher/innen, ihre Einrichtung zu einer Art „Kom-

munikationszentrum" für Eltern auszugestalten (z.B. durch Angebote wie Gesprächskreise oder Elterncafés), so haben sie ein wichtiges Ziel der Elternarbeit erreicht und einen Beitrag zur psychischen Stabilisierung der Eltern geleistet. Zugleich werden wechselseitige Unterstützung und Vernetzung ermöglicht (*Nachbarschafts-/Familienselbsthilfe*) sowie freundschaftliche Beziehungen und gemeinsame Aktivitäten von Familien initiiert. Letzteres führt auch dazu, dass Kinder andere Mütter und Väter erleben sowie neue Vorbilder und Geschlechtsrollenleitbilder gewinnen (z.B. wichtig für Kinder aus Teilfamilien).

Ferner kommt es auf diese Weise zu einer *Integration von sozial benachteiligten Familien, von Familien mit Migrationshintergrund*, von Randgruppen und Problemfamilien. Durch Erfahrungen des Zurückgestoßenwerdens und der sozialen Kontrolle sind viele Erwachsene aus solchen Familien kontaktscheu und abweisend geworden, sind sie misstrauisch gegenüber Behörden und sozialen Einrichtungen – zu denen auch der Kindergarten gerechnet wird. Außerdem sind ihre Bedürfnisse und Probleme oftmals den Erzieher/innen fremd und unbekannt. So sind große Anstrengungen und viel Geduld erforderlich, wenn die Fachkräfte ein Vertrauensverhältnis zu diesen Familien aufbauen, sie in die Elternarbeit des Kindergartens einbeziehen und ihnen Unterstützung zukommen lassen wollen. Die Herkunftskultur von Familien mit Migrationshintergrund sollte nicht nur toleriert, sondern auch offen als wertvoll anerkannt werden. Auf diese Weise können Kindergärten einen Beitrag zur *interkulturellen Verständigung* leisten.

Schließlich gehört die *Integration des Kindergartens in das Gemeinwesen* zur Elternarbeit. Dieses Ziel kann oft nur erreicht werden, wenn traditionelle Formen der Kindertagesbetreuung um Angebote der Elternberatung und Familienselbsthilfe, um Eltern-Kind-Gruppen, Teestuben oder die Vermittlung von Tagesmüttern und Babysittern ergänzt werden. Durch den Gemeinwesenbezug soll Kontakt zum Umfeld des Kindergartens hergestellt, Nachbarschaftshilfe mobilisiert, Solidarität mit den Schwachen und Isolierten unserer Gesellschaft gefördert und die Verantwortungsbereitschaft gestärkt wer-

16

den. Schon im Achten Jugendbericht (Deutscher Bundestag 1990) wurde der Ausbau der Kindertageseinrichtungen zu Stadtteil- bzw. *Nachbarschaftszentren* mit breit gestreuten Angeboten und Unterstützungsleistungen gefordert – wie z.b. Spielkreise für jüngere Kinder, Hausaufgabenhilfe, die Förderung von Elterninitiativen und die Vermittlung praktischer Fähigkeiten zur Lebenshilfe (z.B. Nähkurse).

1.2 Voraussetzungen für eine gute Kooperation

Trotz der großen Bedeutung der Erziehungs- und Bildungspartnerschaft mit Eltern müssen Extreme vermieden werden: Selbstverständlich sollen Kindergärten *Kinder*einrichtungen bleiben – und nicht zu Elterneinrichtungen mutieren. Betrachtet man aber die meisten der vorgenannten Ziele der Elternarbeit, so wird deutlich, dass es hier letztlich immer *um das Wohl des jeweiligen Kindes geht* – es steht im Zentrum der Bildungs- und Erziehungspartnerschaft zwischen Familie und Kindergarten.

Abgesehen davon ist eine übertriebene Schwerpunktsetzung auf Elternarbeit sowieso zum Scheitern verurteilt: So ist *die Zeit der Eltern begrenzt*, die sie im Kindergarten verbringen wollen bzw. können, und wird in den nächsten Jahren noch geringer werden. Gegenwärtig erfolgt ein rasanter Abbau von Normalarbeitszeitverhältnissen, während gleichzeitig Mütter nach der Geburt eines Kindes immer früher wieder berufstätig werden und immer länger arbeiten. Im Jahr 2018 waren bereits 42% der Mütter mit Kindern im Alter von einem Jahr erwerbstätig (2008: 36%). War das jüngste Kind zwei Jahre alt, stieg der Prozentsatz auf 61% (2008: 46%) (Statistisches Bundesamt 2019).

Nimmt man noch den zunehmenden Arbeitsstress hinzu, der bei Eltern zu einem größer werdenden Bedürfnis nach Regeneration und Erholung am Abend führt, wird deutlich, dass Eltern nur in einem sehr begrenzten Zeitumfang Angebote der Elternarbeit nutzen wollen und können. Je mehr Angebote ein Kindergarten im

Laufe eines Monats macht, umso geringer wird die jeweils teilnehmende Zahl der Eltern werden.

Aber auch *die Zeit der Erzieher/innen ist begrenzt* – selbst wenn sie sich oft noch Freiräume schaffen können, indem sie z.b. den Alltag in der Einrichtung umorganisieren oder Aufgaben delegieren (siehe Kapitel 3.2). So sollten Erzieher/innen maximal zwei Veranstaltungen pro Monat anbieten. Damit auch Erwerbstätige, Alleinerziehende oder Mütter mit Säuglingen teilnehmen können, sollten Elternangebote zu *verschiedenen Zeitpunkten* (morgens, nachmittags, abends, gelegentlich auch am Wochenende) und zum Teil mit *paralleler Kinderbetreuung* gemacht werden.

Eine andere Vorbedingung für die Erziehungs- und Bildungspartnerschaft ist, dass Erzieher/innen über das notwendige *Fachwissen* und die benötigten *Fähigkeiten* verfügen – was bisher erst zum Teil der Fall ist. Aus- und Fortbildung sind somit gefordert, relevante Kenntnisse aus den Bereichen Entwicklungspsychologie, Familienforschung, Erwachsenenbildung, Gruppendynamik und Sozialarbeit sowie Beobachtungsfertigkeiten, Techniken der Gesprächsführung, Beratungskompetenzen, Konfliktlösungsverfahren und Methoden der Elternbildung zu vermitteln. Ferner benötigen Erzieher/innen gute sprachliche Fähigkeiten und Erfahrung im Umgang mit Textverarbeitungs- und Grafikprogrammen sowie mit neuen Medien. Ferner sollten sie wissen, wie man Situations- und Bedarfsanalysen durchführt (vgl. Kapitel 3.1).

Aber auch die Träger von Kindergärten sind gefordert: Sie müssen nicht nur den Erzieher/innen genügend Verfügungszeit für Elternarbeit zugestehen und „ungewöhnliche" Elternangebote außerhalb der Regelarbeitszeit genehmigen (z.B. Hausbesuche, Vater-Kind-Aktionen an Samstagen, Ausflüge am Wochenende), sondern auch die *räumlichen Voraussetzungen* schaffen. So werden z.B. genügend große Stühle für Elternveranstaltungen sowie eine Couch, Sessel und ein Tisch für Elterngespräche im Büro benötigt. Positiv auf die Elternarbeit wirkt sich aus, wenn ein Raum nur für die Eltern zur Verfügung gestellt werden kann (z.B. für ein Elterncafé), insbesondere wenn dieser auch außerhalb der Öffnungszeiten des Kindergartens und ohne Anwesenheit der Erzieher/innen genutzt werden darf (z.B. für Sitzungen der Elternvertretung, Gesprächskreise, einen Elternstammtisch oder einen Entspannungskurs).

Selbst wenn auf beiden Seiten Zeit und Wille vorhanden sind, ist eine Erziehungs- und Bildungspartnerschaft nicht einfach zu erreichen. Auf Seiten der Eltern ist die Bereitschaft zur Öffnung, zum Dialog mit den Erzieher/innen und zur Mitarbeit in der Kindertageseinrichtung eine wichtige Voraussetzung. Die Eltern sollten Vertrauen haben sowie die Person und die Kompetenz der Fachkraft schätzen. Wichtig ist auch der Wille zur Reflexion von eigenen Erziehungszielen, -vorstellungen und -methoden, Werten und Leitbildern.

Die meisten Eltern haben eine positive Grundhaltung gegenüber den Erzieher/innen ihrer Kinder. Allerdings gibt es auch Eltern mit überhöhten Erwartungen, die den Vorstellungen der Fachkräfte eher kritisch gegenüber stehen und sich in deren Arbeit einzumischen versuchen. Andere Eltern sind hingegen an einer Erziehungspartnerschaft nicht interessiert und wollen lediglich ihr Kind gut aufbewahrt wissen. Manche Eltern haben Angst vor den Fachkräften, da sie in ihnen die ersten professionellen Personen sehen, die ihr Kind und damit auch ihre Erziehungsbemühungen beurteilen – und für viele Eltern mit Migrationshintergrund sind Erzieher/innen darüber hinaus noch Repräsentantinnen des (kontrollierenden) Staates.

Die Fachkräfte sollten sich somit bemühen, allen Eltern ein *realistisches Bild von ihrer Rolle sowie ihren fachlichen und persönlichen Kompetenzen* zu vermitteln. Sie müssen auf desinteressierte, ängstliche und schüchterne Eltern zugehen und von sich aus das Gespräch mit ihnen suchen. Prinzipiell sollten sie bei Eltern neuer Kinder schon bei den ersten Kontakten versuchen, eine positive Haltung gegenüber der Erziehungspartnerschaft zu wecken.

Generell ist laut Powell (1998) die Wahrscheinlichkeit größer, dass sich Eltern intensiv in der Kindertageseinrichtung und in der Familienerziehung engagieren, wenn sie (1) sich in ihrer Elternrolle als

„Erzieher" sehen, (2) glauben, dass sie einen großen Einfluss auf die Entwicklung ihrer Kinder ausüben, und (3) sich von den Erzieher/innen zur Mitarbeit eingeladen fühlen. Auch sollten ihnen viele Möglichkeiten im Kindergarten aufgezeigt worden sein, wo sie aktiv werden können. Eltern, die sich z.b. aufgrund von Ehescheidung, Alleinerzieherschaft, Arbeitslosigkeit, Armut, Migrationshintergrund, mangelnden Deutschkenntnissen oder ausländischer Staatsangehörigkeit abkapseln, müssen besonders zur Mitarbeit motiviert werden.

Wird eine intensive Kooperation angestrebt, darf sich Elternarbeit somit nicht in Tür- und Angel-Gesprächen, drei oder vier Elternabenden und ein oder zwei Festen erschöpfen. Vielmehr sind ganz verschiedene Angebote nötig, wenn *den Bedürfnissen aller Eltern entsprochen* werden soll. So ist es ganz selbstverständlich, dass nicht jede Mutter bzw. jeder Vater auf jedes Angebot „anspringt". Je bedarfsgerechter die Formen der Elternarbeit sind, desto wahrscheinlicher ist es, dass Erzieher/innen mit allen „erreichbaren" Eltern in Kontakt kommen.

Allerdings dürfen die Fachkräfte dann nicht enttäuscht sein, wenn bestimmte Eltern nur zu Termingesprächen kommen, während andere nur einen Vortragsabend oder Gesprächskreis besuchen. Erzieher/innen müssen sich bewusst machen, dass Eltern unterschiedliche Bedürfnisse haben und deshalb verschiedene Angebote nutzen; prinzipiell sollten die Fachkräfte *alle Angebote als gleichwertig* betrachten. Sie dürfen sich aber nicht damit zufrieden geben, wenn viele Mütter erreicht werden; die Väter sind in der Erziehung ebenso wichtig. Die Erzieher/innen brauchen den Dialog mit Müttern *und* Vätern. Sie müssen deshalb neue Formen der Zusammenarbeit erproben, wenn sie bisher nur wenige Väter erreichten.

Manche Fachkräfte sind immer noch der Meinung, dass die Erziehung, Bildung und Betreuung von Kindern ihre eigentliche Aufgabe seien. Sie sehen in der Elternarbeit eine ungeliebte, oft schwierige und frustrierende „Nebentätigkeit", für die ihnen die benötigten Kompetenzen teilweise fehlen. Insbesondere die sozialpädagogischen Aus- und Fortbildungsstätten sind hier gefordert, Fachkräften *positive Einstellungen* hinsichtlich der Zusammenarbeit mit Eltern zu vermitteln und ihnen auch das nötige „Rüstzeug" mitzugeben.

Erzieher/innen haben manchmal *Angst* vor Eltern, insbesondere wenn sie noch jung und unerfahren sind oder wenn Eltern einen höheren Status haben und vielleicht sogar ein einschlägiges Studium (z.B. Pädagogik, Psychologie, Lehramt) abgeschlossen haben. Problematisch ist, wenn auf solche Unsicherheiten und Ängste mit Vermeidungsverhalten, Dramatisierung (Grübeln, „Katastrophenfantasien") oder Verdrängungsmechanismen reagiert wird. Die betroffene Fachkraft sollte für sich, im Team oder bei einem Supervisionsgespräch reflektieren, welche Verhaltensweisen, Eigenschaften und Aussagen von Eltern bei ihr Ängste auslösen und was die Ursachen dafür sein könnten. Ansonsten gilt: „Durch die Auseinandersetzung mit ihrem eigenen Berufsverständnis erreicht sie immer größere Rollensicherheit. Mit der Hilfe einer reflektierten Berufsidentität werden ihr ihre beruflichen Zuständigkeiten, Fähigkeiten und Grenzen klar. Somit kann sie Eltern mit klaren Einstellungen und Zielvorstellungen gegenübertreten. Sie ist dann besser in der Lage, souverän auf die Forderungen der Eltern einzugehen und die eigene Position mit Überzeugungskraft zu vertreten" (Bernitzke/Schlegel 2004, S. 232).

Erzieher/innen sehen Eltern oft unterschiedlich – je nachdem, wie alt sie sind, ob sie selber Kinder haben, welche Erfahrungen sie in der Herkunftsfamilie gemacht haben oder was sie jetzt in ihrer eigenen Familie erleben. Sie empfinden manche Eltern als sympathisch und andere als unsympathisch, einige als desinteressiert und andere als aufdringlich, einige als zu fordernd und andere als immer unzufrieden und nörgelnd. Nicht selten haben sie Probleme mit bestimmten Elterngruppen aufgrund von Vorurteilen gegenüber deren Kultur, Familienform, Erziehungsstil oder Geschlechtsrollenleitbild. Hinzu kommt: „Die Beziehung zwischen Erzieherinnen und Eltern, insbesondere Müttern, ist häufig durch Konkurrenz bestimmt. Die ausgebildete Fachkraft (Expertin für Kindergartenpädagogik) rivalisiert mit der erfahrenen Mutter (Expertin für ihr Kind)" (Diözesan-Caritasverband für das Erzbistum Köln e.V. 1993, S. 2).

Eine Erziehungs- und Bildungspartnerschaft mit allen Eltern ist somit nur möglich, wenn Erzieher/innen immer wieder ihre Einstellungen und Haltungen gegenüber (einzelnen) Eltern dahingehend hinterfragen, ob sie vorurteilsbehaftet oder realitätsgerecht sind. Die Fachkräfte müssen nach *professioneller Distanz und Unvoreingenommenheit* streben, sodass sie unterschiedliche Lebensentwürfe, Werte, Erziehungsstile, Verhaltensmuster usw. akzeptieren können (sofern diese nicht die kindliche Entwicklung gefährden). Im Einzelfall ist eine Supervision zur Klärung des Einflusses eigener Kindheitserfahrungen, zur Bewältigung immer wieder auftretender Schwierigkeiten derselben Art, zum Abbau konkurrierender Beziehungen zu einzelnen Eltern oder zum Erkennen von Ressourcen und Grenzen sinnvoll.

2. Formen der Elternarbeit

Zum Erreichen der genannten Ziele einer Bildungs- und Erziehungspartnerschaft sind viele Formen der Elternarbeit entwickelt worden. Als besonders positiv sind solche zu bewerten, die durch ungezwungene, offene Kommunikation zwischen Eltern sowie zwischen Eltern und Erzieher/innen, durch partnerschaftliche Kooperation, aktive Mitwirkung der Eltern, eine gesellige, gemütliche Atmosphäre und einen unmittelbaren Erlebnisbezug zur pädagogischen Arbeit in der Kindergruppe gekennzeichnet sind. Am wichtigsten ist jedoch, dass die *gemeinsame Verantwortung für das Wohl des Kindes als Handlungsmaxime* verstanden wird.

Die verschiedenen Formen der Elternarbeit lassen sich in die folgenden acht Kategorien einordnen:

1. *Formen, die den wechselseitigen Austausch über die Entwicklung und Erziehung des jeweiligen Kindes sowie die Abstimmung von Verhaltensweisen ermöglichen:* Neben Tür-und-Angel-Gesprächen sind hierfür vor allem Aufnahme-, Eingewöhnungs- und Entwicklungsgespräche geeignet, eventuell auch längere Telefonate oder Hausbesuche.

2. *Angebote, die der Öffnung des Kindergartens zur Familie hin dienen:* Die schriftliche Konzeption der Tagesstätte, Wochenpläne, Tagesberichte, Elternbriefe, Fotos über den Alltag in der Einrichtung, Ausstellungen der Arbeitsprodukte der Kinder, Spiel- und Bastelnachmittage sowie Hospitationen vermitteln Eltern einen Einblick in die pädagogische Arbeit, einen Eindruck von der Rolle der Erzieher/innen und allgemeine Informationen über laufende Aktivitäten. Auch Elternabende können diese Zielsetzung verwirklichen, wenn über den Alltag in der Einrichtung berichtet wird, Fotos bzw. Filme gezeigt werden oder den Eltern das Nacherleben des vergangenen Tages ermöglicht wird. Einige Erzieher/innen geben den Kindern Notizen über besondere Ereignisse oder

Entwicklungsschritte mit. Andere Fachkräfte führen ein Gruppentagebuch, in denen der Tagesverlauf, pädagogische Angebote und besondere Ereignisse für interessierte Eltern festgehalten werden, oder sogar Tagebücher über jedes einzelne Kind, die von den Eltern ausgeliehen werden können (besonders sinnvoll, wenn die Kinder nicht von ihren Eltern in den Kindergarten gebracht bzw. abgeholt werden).

3. *Formen, die der Öffnung der Familie zur Kindertageseinrichtung hin dienen:* Eltern können Erzieher/innen einen Einblick in die Familiensituation und den Lebensalltag der Kinder außerhalb des Kindergartens in informellen oder formellen Gesprächen geben. Einige Eltern laden Fachkräfte in ihre Wohnung ein (z.B. zur Geburtstagsfeier des jeweiligen Kindes). Vereinzelt ist es üblich, dass Eltern Fragebögen über die Entwicklung ihres Kindes in der Familie ausfüllen, Beiträge in Form von Fotos, Bildern, (Lern-) Geschichten usw. zu dessen Portfolio leisten oder ein Entwicklungstagebuch führen.

4. *Beratungs- und Unterstützungsangebote:* Durch Beratungsgespräche helfen Erzieher/innen Eltern bei Erziehungsfragen und -schwierigkeiten. Da sie ein generelles Interesse am Wohl der Familien der ihnen anvertrauten Kinder haben, werden sie aber auch bei Familienproblemen oder belastenden Lebenslagen aktiv – Elternarbeit wird dann zur Familienarbeit. So vermitteln Erzieher/innen im Einzelfall Hilfsangebote von Beratungsstellen, psychosozialen Diensten, Behörden und Selbsthilfegruppen. Auch fördern sie manchmal den Gesprächsaustausch und die wechselseitige Unterstützung Betroffener, indem sie z.B. Treffpunkte für Alleinerziehende, Arbeitslose bzw. Eltern mit Migrationshintergrund oder Arbeitsgruppen zu Themen wie „Mit wenig Geld zurechtkommen" oder „Ohne Partner – mit Kind" in der Tageseinrichtung gründen. Sie ermöglichen Familienselbsthilfe, indem sie beispielsweise Eltern erlauben, am „Schwarzen Brett" Hinweise auf ihre Babysitterdienste oder Angebote

von Secondhandkleidung, gebrauchtem Spielzeug, Möbeln oder anderen Gegenständen auszuhängen.

5. *Angebote, die eine Mitarbeit von Eltern im Kindergarten ermöglichen:* Die Mitwirkung von Eltern bei Projekten, Ausflügen und Festen, ihre Einbindung beim Kochen, beim Werken, bei der Gartenarbeit, bei der Gestaltung von Innen- und Außenräumen, beim Renovieren und beim Reparieren von Spielgeräten sowie ihre Mitarbeit in der Gruppe (z.B. Vorlesen, Spielen mit einer Teilgruppe, Berichte über ihre Berufsarbeit, Einbringen ihrer Hobbys) sind besonders intensive Formen der Kooperation von Familie und Kindergarten. Die Eltern werden in die pädagogische Arbeit der Erzieher/innen und in den Alltag der Einrichtung eingebunden, als Ressourcen und Helfer genutzt.

6. *Angebote, die der Beeinflussung der Bildung der Kinder in ihren Familien dienen:* Dazu eignen sich vor allem „Hausaufgaben". Beispielsweise schicken Erzieher/innen die Kinder mit dem Auftrag nach Hause, ihre Eltern zu einem bestimmtes Thema zu interviewen (eventuell anhand eines gemeinsam erarbeiteten Fragenkatalogs), mit ihnen etwas zu beobachten (z.B. das Wetter während des Wochenendes), mit ihnen ein Experiment durchzuführen oder mit ihnen eine in der Einrichtung begonnene Bastelarbeit fertigzustellen. Eltern werden auch dazu angehalten, Bildungsangebote des Kindergartens in ihrer Familie zu wiederholen bzw. zu erweitern. Bekommen sie z.B. Text und Noten eines Liedes mit, das ihr Kind gerade gelernt hat, so können sie es mit ihm singen. Interessieren sich Kinder für eine Baustelle in der Nähe der Kindertageseinrichtung und sprechen sie viel mit den Erzieher/innen über ihre Beobachtungen, so werden Eltern aufgefordert, daheim ihren Kindern z.B. eine Schlagbohrmaschine oder einen Akkuschrauber vorzuführen. Wenn ein Kindergarten mit Wochenplänen arbeitet, so lassen sich diese um eine Aktivität pro Woche erweitern, die Eltern mit ihren Kindern zu Hause durchführen können. Aber auch auf

Elternabenden und in Kindergartenzeitungen werden Eltern über sinnvolle bildende Aktivitäten mit ihren Kindern informiert.

7. *Angebote, die der Beeinflussung der Familienerziehung dienen:* Elternabende, themenspezifische Arbeitskreise, Elterngruppen und -kurse – mit oder ohne Beteiligung von Psychologen, Pädagogen, Ärzten – eignen sich gut zur Elternbildung. Elternstammtische und -cafés ermöglichen hingegen einen eher informellen Informations- und Erfahrungsaustausch. Aber auch durch Elternbriefe, Kindergartenzeitungen, Newsletter, Ausstellungen guter Spiele und (Bilder-) Bücher sowie die Ausleihe derselben, das Auslegen von Elternzeitschriften, Hinweise auf relevante Websites und Familienfreizeiten kann Einfluss auf die Familienerziehung genommen werden. Schließlich können im Einzelgespräch individuelle Erziehungsfragen besprochen werden.

8. *Formen der Mitbestimmung:* Sind Eltern Träger des Kindergartens, haben sie als Arbeitgeber große Mitbestimmungsmöglichkeiten – ansonsten räumt ihnen der Gesetzgeber nur Informationsrechte und Beratungsfunktionen ein, die in der Regel vom Elternbeirat wahrgenommen werden. Darüber hinaus können Erzieher/innen interessierte Eltern an der Erstellung und Fortschreibung der Konzeption der Einrichtung, an der Jahresplanung (Besprechung möglicher Themenschwerpunkte, Projekte, Feste usw.) oder an der Gestaltung der Wochenpläne beteiligen, sodass diese ihre Vorschläge, Wünsche, Interessen und Vorstellungen einbringen können. Mitbestimmungsmöglichkeiten sollten aber nicht nur auf die Kindertageseinrichtung beschränkt sein. Unter dem Begriff des „Empowerment" wird diskutiert, dass Erzieher/innen Eltern motivieren sollten, sich kommunalpolitisch zu engagieren und als Fürsprecher für Kinder und Kindergärten aufzutreten. Auch können Eltern angehalten werden, in Eltern- und Familienverbänden, Initiativgruppen und überörtlichen Elternvertretungen mitzuarbeiten.

In den folgenden Kapiteln wird auf besonders wichtige Formen der Elternarbeit ausführlich eingegangen. Weitere Angebote sollen hier aber zumindest kurz vorgestellt werden:

- *Schnuppertage, Besuchsnachmittage, Miniclubs*: Eltern, die ihr Kind in einem Kindergarten anmelden wollen, kommen vorab zu einem Schnuppertag, um sich ein Bild von der Einrichtung während des laufenden Betriebs zu machen. Oft können sie dabei ihr Kind mitbringen. Der Schnuppertag soll ihnen die Entscheidung erleichtern, ob dies der richtige Kindergarten für ihr Kind ist. Beim Besuchsnachmittag können *alle* interessierten Eltern an einem bestimmten Tag (mit ihren Kindern) den Kindergarten besichtigen – oder nur Eltern mit bereits angemeldeten Kindern. Eltern und Kinder, die im nächsten Kindergartenjahr aufgenommen werden, können vielerorts auch zu einem Miniclub kommen, der regelmäßig (z.B. alle 14 Tage oder vier Wochen) in der Tagesstätte stattfindet. So können Eltern und Kinder die Gruppenräume, Spielsachen und Waschräume gemeinsam erkunden, was die spätere Eingewöhnung des jeweiligen Kindes erleichtern dürfte.

- *Hausbesuche vor der Aufnahme eines Kindes*: Erzieher/innen suchen vor Beginn des Kindergartenjahres Familien auf, um die „neuen" Eltern und Kinder (inkl. der Geschwister und weiterer Familienmitglieder) in ihrer Häuslichkeit kennenzulernen. Sie verhalten sich wie Gäste; dementsprechend sind die Gespräche locker und informell. Sollten die Eltern aber noch Fragen hinsichtlich der bald beginnenden Kindergartenzeit haben, werden diese natürlich beantwortet. Manche Fachkräfte machen ein Familienfoto, das sie dann im Gruppenraum aufhängen. Das Bild kann während der Eingewöhnungszeit – aber auch danach – eine tröstende Wirkung entfalten, wenn das Kind Heimweh hat. Außerdem können die „alten" Kinder auf diese Weise die „neue" Familie kennenlernen, bevor sie erstmalig deren Mitglieder treffen. Am Ende des Hausbesuches werden die Eltern zur Nutzung der an sie gerichteten Angebote des Kindergartens aufgefordert. Insbesondere Eltern mit Migrationshintergrund ist oft unbekannt, dass von ihnen das Eingehen einer Erziehungs- und Bildungspartnerschaft erwartet wird. So bereitet ein solcher Hausbesuch den Boden für eine intensivere Zusammenarbeit: Erfahrungsgemäß sind dann mehr „neue" Eltern mit Migrationshintergrund bei den ersten Veranstaltungen des Kindergartens präsent.

- *Elterncafé*: Hier kann es sich um einen ansprechenden Aufenthaltsort für Eltern handeln, deren Kind gerade im Kindergarten eingewöhnt wird und die deshalb noch „abrufbar" sein müssen. Sie lernen im Elterncafé andere „neue" Eltern kennen – und unter Umständen „alte" Eltern, wenn diese die Verantwortung für das Angebot übernehmen. Das Elterncafé kann aber auch regelmäßig (z.B. jeden Morgen, einmal pro Woche oder einmal im Monat) stattfinden und als informeller Treffpunkt von Eltern dienen. In diesem Fall sollten die Eltern bzw. der Kindergartenbeirat alle anfallenden Arbeiten übernehmen, um die Erzieher/innen zu entlasten. Ideal für ein Elterncafé ist ein separater Raum mit Sitzecken und Sofas, in dem Kaffee und Tee zubereitet werden können. Er sollte auch einen Bereich für Babys und Kleinstkinder haben, die von ihren Eltern mitgebracht werden, aber (noch) nicht in der Kindertageseinrichtung betreut werden.

- *Elternnachmittage*: Diese Veranstaltungen werden oft besser besucht als Elternabende, da eine parallele Kinderbetreuung angeboten werden kann. Zudem können sie von den Eltern leichter in ihren Tagesablauf eingeplant werden, da sie sowieso zur Abholzeit in den Kindergarten kommen müssen. Elternnachmittage können zunächst ohne Kinder beginnen und später diese einbeziehen. Sie lassen sich auch mit einem gemeinsamen Abendessen beenden, wobei Salate, belegte Brote usw. von den Kindern vorbereitet werden. Die Eltern lernen die Gruppenräume und deren Ausstattung sowie die anderen Kinder und deren Eltern kennen und erleben ihr Kind in der Interaktion mit seinen Spielkameraden. Auch können sie in einer ungezwungenen Atmosphäre Kontakt zu den Erzieher/innen ihres Kindes aufnehmen.

- *Spiel- und Bastelnachmittage, Eltern-Kind-Turnen:* Beim von den Erzieher/innen angeleiteten Spiel von Kindern und Eltern erkennen Letztere den Wert des Spiels durch die eigene Spielerfahrung und deren Reflexion. Sie lernen neue Möglichkeiten zur Beschäftigung ihrer Kinder kennen und nehmen Anteil an deren Leben in der Einrichtung. Ähnliches gilt für Angebote, bei denen Eltern und Kinder unter Anleitung der Erzieher/innen miteinander basteln oder turnen. Die Eltern entspannen sich und haben Spaß an ihren Aktivitäten. Oft kommt es zum Modellernen oder zu Gesprächen über Erziehungsfragen. Manche Eltern spielen und basteln anschließend zu Hause häufiger mit ihren Kindern.

- *Mutter-/Vater-/Großelterntag:* An einem bestimmten Tag dürfen die Kinder ein (Groß-) Elternteil oder eine „besondere" Person aus ihrem Leben (z.B. Onkel, Tante, Stiefelternteil, Cousine, Freund) in den Kindergarten einladen. Gespräche und gemeinsame Aktivitäten, Spiele, Lieder und Vorführungen der Kindergruppe sowie ein Imbiss gehören meistens zum Programm. Eine Alternative hierzu ist, dass immer nur ein einzelnes Kind – z.B. an seinem Geburtstag – einen Erwachsenen in die Gruppe einladen darf.

- *Feste und Feiern:* Hier sind weniger Veranstaltungen gemeint, die *vom* Kindergarten *für* Eltern gestaltet werden, sondern solche, die von Eltern, Erzieher/innen und Kindern *gemeinsam* geplant und gestaltet werden. Beispielsweise können Eltern in die Vorbereitung und Durchführung von Festen in der Kindergruppe einbezogen werden – von Weihnachts-,

Faschings-, Oster-, Schulanfänger- und Geburtstagsfeiern oder von Festen mit einem bestimmten Motto („Ritterfest", „Wahl des Kartoffelkönigs", „Begrüßung des Frühlings"). Die Eltern können aber auch für die Kinder ein Fest gestalten und dabei z.b. ein Theater- oder Kasperlestück oder ein Schattenspiel aufführen. Eltern mit Migrationshintergrund können beispielsweise zeigen, wie islamische Festtage gefeiert werden, oder ein „Internationales Märchenfest" gestalten. Straßenfeste mit Wettkämpfen, gemeinsamem Spiel und Kuchenständen ermöglichen die Einbeziehung der Nachbarn oder von Mitgliedern der Kirchengemeinde und damit die Öffnung des Kindergartens zum Gemeinwesen hin.

- *Tauffeiern, Familiengottesdienste, Umzüge*: Die Taufe eines Geschwisterchens kann gemeinsam mit Eltern und Kindern im Kindergarten vorbereitet werden. Dann kann die Gruppe an der Gestaltung des Taufgottesdienstes beteiligt werden. Zu Erntedank, Advent, Ostern usw. können von den Erzieher/innen Familiengottesdienste organisiert werden, an deren Vorbereitung Eltern mitwirken können (z.B. Aufführung eines Krippen- oder Schattenspiels). Auch können sich die Familien an Umzügen der Pfarrei zu Fronleichnam oder zum Palmsonntag beteiligen – als geschlossener Kindergarten-„Verband". Eine positive Nebenwirkung dieser Aktivitäten ist, dass sich leicht Väter einbeziehen lassen, die sonst schwer zu erreichen sind.

- *Ausflüge und Besichtigungen*: Hier können Eltern nicht nur als Begleitpersonen mitkommen, sondern auch für die Organisation und den Transport der Kinder verantwortlich zeichnen. Ferner können sie Führungen übernehmen, falls sie über das entsprechende Vorwissen verfügen und es kindgerecht weiterzugeben vermögen.

- *Gemeinsame Freizeitveranstaltungen*: Hierzu gehören beispielsweise Wochenendausflüge, (Erlebnis-) Wanderungen, Theaterbesuche, Kegelabende, Skatturniere oder Zeltlager. Sie ermöglichen Erholung und Entspannung, fördern die soziale Gemeinschaft und das Zusammengehörigkeitsgefühl und führen zu neuen Erfahrungen bei Eltern, Kindern und Erzieher/innen.

- *Wochenendfreizeiten*: Bei Eltern-Kind-Wochenenden entstehen oft intensive Kontakte zwischen Eltern und Erzieher/innen – und Freundschaften zwischen Familien, die längere Zeit weiter bestehen und auch zu Familienselbsthilfe führen können. Es werden Erfahrungen mit Kindern ausgetauscht und pädagogische Themen informell oder im Rahmen von Gesprächskreisen diskutiert. Die Eltern beschäftigen sich unter Anleitung der Erzieher/innen auf sinnvolle Weise mit ihren Kindern. Eltern-Kind-Wochenenden stärken das Zusammengehörigkeitsgefühl und erhöhen auf Seiten der Eltern die Motivation zur Unterstützung des Kindergartens. Aufgrund des Freizeitcharakters werden oft Familien erreicht, die andere Angebote der Elternarbeit nicht oder nur selten nutzen.

- *Elterngruppen*: Elternstammtische und Gesprächskreise ermöglichen einen ungezwungenen Austausch über die unterschiedlichsten Themen. Die Eltern finden neue soziale Kontakte, fühlen sich angenommen und helfen einander (z.B. bei der Kinderbetreuung). Elterngruppen können selbst organisiert sein oder von Erzieher/innen geleitet werden. Sie können als lockere Gesprächskreise gestaltet werden oder Aktivitäten wie Basteln, Kochen und Nähen einbeziehen. Manchmal werden Referent/innen zu bestimmten Themen eingeladen, Feste oder Ausflüge vorbereitet. Zumeist werden diese Gruppen allerdings nur von einem kleinen Kern aktiver Eltern getragen.

- *Zielgruppenorientierte Angebote*: Der Kindergarten kann besondere Veranstaltungen für Alleinerziehende, Väter, Eltern mit Migrationshintergrund usw. anbieten. Diese können einmalig, zeitlich befristet oder unbefristet, als offene oder geschlossene Gruppe sowie mit oder ohne Einbeziehung der Kinder erfolgen. Zielgruppenorientierte Angebote ermöglichen einen intensiven Austausch über die Lebenssituation, Bedürfnisse und Probleme der jeweiligen Gruppe von Eltern.

- *Interessengruppen, Elternprojekte*: In oder seitens des Kindergartens können beispielsweise Gymnastik-, Handarbeits-, Töpfer-, Gitarren- und andere Kurse, Gesprächskreise zu ökologischen bzw. kommunalpolitischen Themen oder religiöse Veranstaltungen unter Leitung des Pfarrers angeboten werden. Diese Veranstaltungen können zeitlich befristet sein und mit oder ohne Erzieher/innen ablaufen, also z.b. auch als „Angebote von Eltern für Eltern". Außerdem können Eltern mit oder ohne Mitwirkung der Fachkräfte längerfristige Projekte im musischen, kreativen oder handwerklichen Bereich durchführen, für die der Kindergarten z.b. Räume – auch an Samstagen oder Sonntagen – zur Verfügung stellt.

- *Basare und Märkte*: Elternbörsen, Flohmärkte, Spielzeugmärkte, Tombolas, Markttage mit selbst geerntetem Gemüse und Obst, Verkaufsausstellungen mit Kinderbildern usw. ermöglichen ein zwangloses Zusammentreffen der Eltern. Die Erzieher/innen kommen mit Eltern und Großeltern ins Gespräch, die sie sonst nicht sehen. Oft können Familien Kleidung, Spielsachen, Lebensmittel usw. relativ preiswert erwerben (finanzielle Entlastung).

- *Offene Treffpunktmöglichkeiten*: In Kindergärten können während der Öffnungszeiten Räumlichkeiten für ein zwangloses und informelles Zusammentreffen von Eltern bereitgestellt werden. Die Bandbreite der Möglichkeiten beginnt mit einer Sitzecke im Eingangsbereich oder der Öffnung der Küche für ein „zweites Elternfrühstück" und endet mit der Einrichtung einer Teestube oder eines Elternclubraumes. Dort können Eltern Neuigkeiten austauschen, über Erziehungsfragen und Probleme diskutieren und einen Teil ihrer Freizeit verbringen. Eventuell können sich hier auch frühere Kindergarteneltern oder Eltern aus der Nachbarschaft treffen.

- *Ausstellungen und Ausleihmöglichkeiten*: Eltern fällt es oft schwer, zwischen guten und schlechten Bilder-, Kinder- und Sachbücher oder (Lern-) Spielen zu unterscheiden. So können Erzieher/innen – z.b. unter Mitwirkung der örtlichen Buchhandlung oder eines Spielwarengeschäfts – Ausstellungen pädagogisch wertvoller Bücher und Spiele im Kindergarten organisieren. Einrichtungen, die über sehr viele Bilderbücher, Spiele und Musik-CDs verfügen, können diese an Eltern ausleihen. Wird hierfür eine Gebühr erhoben, können die Einnahmen für den Kauf neuer Medien verwendet werden. Oft finden sich Eltern, die die Ausleihe übernehmen. Außerdem kann eine *Elternbibliothek* mit Erziehungsratgebern und thematisch gegliederten Ordnern mit für Eltern relevanten Zeitschriftenartikeln eingerichtet werden. Ferner können Bücher angeschafft werden, in denen bildende Eltern-Kind-Aktivitäten wie z.B. naturwissenschaftliche Experimente beschrieben werden. Aber auch die Eltern selbst können z.B. einen Spielkasten „Eltern für Eltern" konzipieren, den sie immer wieder um neue Spielvorschläge ergänzen. Er kann von den Eltern ausgeliehen werden, wodurch die Spielzeit in den Familien bereichert wird.

- *Schriftliche Informationen für Eltern*: Die Konzeption des Kindergartens, Merkblätter, Elternbriefe, Fotowände, Aushänge am „Schwarzen Brett" usw. dienen der Information der Eltern über die pädagogische Arbeit der Einrichtung. Vereinzelt werden auch Wochenpläne ausgehängt oder Tages- bzw. Wochenberichte (über die Aktivitäten in der jeweiligen Gruppe) erstellt. Kindergartenzeitungen enthalten oft elternbildende Artikel oder Vorschläge für Eltern-Kind-Aktivitäten. Ferner können Elternzeitschriften, Broschüren über familienpolitische Leistungen und Hilfen, Faltblätter psychosozialer Dienste und Beratungsführer im Eingangsbereich oder in der Elternsitzecke ausgelegt werden. Schließlich kann durch Aushänge auf für Eltern relevante Veranstaltungen im Gemeinwesen, auf interessante Bücher, Fernsehsendungen und Websites aufmerksam gemacht werden. In einer immer mehr durch Medien geprägten Welt ist es wichtig, dass schriftliche Informationen für Eltern vom Layout her ansprechend gestaltet werden sowie hinsichtlich Rechtschreibung und Grammatik korrekt sind.

- *Nutzung des Internets*: Mit Hilfe einer eigenen Homepage können Erzieher/innen Eltern, die nach einem Kindergartenplatz suchen, auf ihre Einrichtung und deren besonderes Profil aufmerksam machen. Zugleich kann über Öffnungszeiten, Elternbeiträge, Tagesablauf, Ferienregelungen, pädagogische Schwerpunkte, Richtlinien für die Aufnahme behinderter Kinder, Trägerschaft usw. informiert werden. Ferner können Erzieher/innen die Konzeption des Kindergartens, Merkblätter, Berichte über besondere Aktivitäten der Kindergruppe oder über Elternveranstaltungen, Informationen „von Eltern für Eltern" u.v.a.m. in die Website einstellen. Einzelne Eltern können per E-Mail, WhatsApp oder Skype und alle Eltern mit Internetanschluss per Newsletter – als Alternative zum Elternbrief – kontaktiert werden.

- *Vorführung von Filmen oder Fotoreihen*: Zur Öffnung des Kindergartens zu den Eltern hin kann beitragen, wenn bei einem Elternabend ein Film über einen typischen Tag in der Einrichtung oder über besondere Aktivitäten mit den Kindern gezeigt wird. Der Film kann durchaus auch von Eltern gedreht und vorgeführt werden, die die entsprechende Ausrüstung besitzen. Alternativen sind das Zeigen von Fotoserien (z.B. auf einem digitalen Bilderrahmen) und das Erstellen bebilderter Wandzeitungen.

- *Hausbesuche*: Insbesondere wenn Eltern ihr Kind nicht in den Kindergarten bringen bzw. abholen (z.B. bei Buskindern) oder nicht in der Lage sind, Angebote im Rahmen der Elternarbeit zu nutzen (z.B. wegen Alleinerzieherschaft oder – auf dem Land – wegen fehlender Fahrmöglichkeiten), bietet sich ein Hausbesuch als Alternative zu einem Termingespräch an. Er umfasst einen relativ kurzen informellen Teil, bei dem das Kind zumeist anwesend ist, und einen längeren formellen Teil, bei dem Störungen möglichst ausgeschlossen werden sollten. Bei Problem- oder Beratungsgesprächen sollte das Kind nicht im Raum sein. Von dieser Art von Hausbesuchen sind solche zu unterscheiden, die auf Einladung der Eltern erfolgen oder ein Regelangebot des Kindergartens sind. Hier verhält sich die Erzieherin eher informell (mehr „Smalltalk"), zeigt mehr von ihrer persönlichen Seite, passt sich hinsichtlich der Gesprächsthemen den Erwartungen der Eltern an und bezieht das Kind stärker ein – schließlich ist es ja auch „sein" Besuch. Sie will das Kind in seinem häuslichen Lebensraum und in Interaktion mit den anderen Familienmitgliedern erleben, um sein Erleben und Verhalten besser verstehen zu können. So macht sie wertvolle Beobachtungen, z.B. über die Menge und Qualität von Spielmaterialien und Büchern, besondere Interessen der Eltern oder die Intensität der Beziehung zu Geschwistern. Oft will das Kind der Erzieherin auch sein Zimmer und seine Spielsachen zeigen und kurze Zeit mit ihr alleine spielen. Zugleich möchte die Fachkraft den persönlichen Kontakt zu seinen Eltern intensivieren. Entwicklungs- oder Beratungsgespräche werden in diesem Fall nicht geführt.

- *Gemeinsame Vorbereitung des Kindes auf die Schule*: So wie kindliche Bildung heute als „Ko-Konstruktion" von Kind, Eltern und Erzieher/innen begriffen wird, gilt auch „Schulreife" als „Ko-Konstruktion" von Kindergarten, Familie und Schule. Das setzt eine intensive Kooperation der drei Seiten voraus. Dazu gehören z.B. zu Beginn bzw. in der Mitte des letzten Kindergartenjahrs Gespräche zwischen Eltern und Erzieher/innen über den Stand der Entwicklung des jeweiligen

Kindes. Hier kann auch geklärt werden, wie eventuell bestehende Defizite – z.B. im sprachlichen Bereich – behoben werden können. Oft ist es sinnvoll, Lehrer in Elterngespräche einzubeziehen, insbesondere wenn diese Informationen über einzuschulende Kinder haben wollen, die unter den Datenschutz fallen.

Selbstverständlich sollen in einem Kindergarten nicht *alle* diese Formen der Elternarbeit praktiziert werden. Anhand einer Situations- und Bedarfsanalyse sind diejenigen auszuwählen, die am ehesten den Wünschen und Bedürfnissen der Eltern in der jeweiligen Einrichtung entsprechen (siehe Teil 3 des Buches). Das gilt natürlich nicht für die wichtigste Form der Elternarbeit. Dies ist laut den Bildungsplänen der Bundesländer das Elterngespräch. So heißt es beispielsweise im „Bayerischen Bildungs- und Erziehungsplan für Kinder in Tageseinrichtungen bis zur Einschulung" (Bayerisches Staatsministerium für Arbeit und Sozialordnung, Familie und Frauen/Staatsinstitut für Frühpädagogik München 2012): „Kernpunkt der Erziehungs- und Bildungspartnerschaft sind regelmäßige Gespräche über die Entwicklung und das Verhalten des Kindes. Sie sollten mindestens zweimal jährlich stattfinden. ... Je jünger das Kind ist, desto mehr Elterngespräche sollten im Verlauf eines Jahres stattfinden, um den in den ersten Lebensjahren beschleunigten Entwicklungsverlauf gemeinsam zu reflektieren" (S. 433). Aufgrund der großen Bedeutung der Elterngespräche werden ihnen die folgenden drei Kapitel gewidmet.

2.1 Gesprächsführung mit Eltern

Bei allen Elternkontakten, insbesondere aber bei Termin- bzw. Problemgesprächen, ist es empfehlenswert, die Grundsätze der Gesprächsführung zu befolgen. Jedoch ist das Sprachverhalten das Ergebnis eines langen Lernprozesses. Es ist mit der Persönlichkeit des Sprechenden eng verknüpft und wird auch von der Berufsrolle, dem eigenen Menschenbild, Einstellungen, Vorurteilen usw. beeinflusst. Da es zum Teil vor- bzw. unbewusst ist, kann es nicht leicht verändert werden. Zur eigenen beruflichen und persönlichen Weiterentwicklung gehört aber, dass Erzieher/innen *ihr Gesprächsverhalten reflektieren* (Selbsterfahrung), ihre Kolleg/innen um Rückmeldung bitten und eventuell mit ihnen neue Verhaltensweisen in Rollenspielen einüben. Möglichst sollten auch einschlägige Fortbildungen besucht werden. Insbesondere bei häufigen Problemen mit Elterngesprächen kann die Konsultation eines Psychologen bzw. Supervisors sinnvoll sein.

Dieses Buch kann natürlich keine einschlägige Fortbildung ersetzen. So sollen nur einige Tipps bezüglich des Umgangs mit Eltern gegeben werden. So ist ein positiver Gesprächsverlauf wahrscheinlicher, wenn Erzieher/innen die folgenden Verhaltensweisen zeigen:

- *Empathie/aktives Zuhören*: Die Erzieherin geht auf die Eltern ein und reflektiert deren Gedanken und Gefühle zurück. Sie stellt ihre eigenen Meinungen, Wertungen und Emotionen zurück. So fühlen sich die Eltern angenommen und verstanden, müssen sich nicht verteidigen, werden offener, zugänglicher und eher zu Kompromissen oder Verhaltensänderungen bereit.

- *Echtheit/Offenheit*: Die Erzieherin reagiert als Person, drückt ihre Gedanken und Gefühle spontan aus, übernimmt Verantwortung für ihre Bedürfnisse, Einstellungen und Emotionen. Sie wirkt dadurch als Verhaltensmodell für die Eltern.

- *Ich-Botschaften*: Die Erzieherin macht Aussagen über ihr eigenes Erleben und Verhalten in der jeweiligen Situation bzw. gegenüber dem (Problem-) Kind oder den Eltern. So ist es weniger wahrscheinlich, dass sich z.B. die Eltern angegriffen fühlen oder den Eindruck bekommen, ihr Kind oder ihre Familie würden abgelehnt. Ihnen stehen damit mehr Reaktionsmöglichkeiten offen.

- *Kongruenz*: Bei den Aussagen der Erzieherin stimmen verbale Botschaft, Gesichtsausdruck und Körperhaltung bzw. die gezeigten Gefühle überein. Sie drückt sich klar und deutlich aus.

- *Respekt/Wertschätzung/Wärme*: Die Erzieherin zeigt Interesse an den Eltern, deren Gedanken, Emotionen und Problemen. Sie achtet und akzeptiert sie, zeigt positive Gefühle ihnen gegenüber.

- *Toleranz*: Die Erzieherin lässt sich auf die Andersartigkeit ihrer Gesprächspartner und deren Lebenswelten ein. Sie versucht, diese zu verstehen und zu akzeptieren. Vor allem aber hütet sie sich vor positiven oder negativen Bewertungen – jeder Mensch hat das Recht auf *sein* Leben (sofern er nicht gegen Gesetze verstößt).

- *Trennung zwischen Person und Verhalten*: Die Erzieherin macht deutlich, dass sie das jeweilige Kind und die Eltern als Person annimmt, also nur einzelne Verhaltensweisen problematisiert.

- *Vertrauen in Selbsthilfe*: Die Erzieherin betont, dass sie die Eltern für fähig hält, z.B. ihr Verhalten zu ändern oder ein Problem zu lösen. Sie belässt die Verantwortung hierfür bei den Eltern, nimmt sie diesen also nicht ab.

Während des Gesprächs sollten Erzieher/innen den Eltern zugewandt sitzen, eine ruhige, aber nicht starre Körperhaltung einnehmen und Blickkontakt halten (gleiche Augenhöhe). Wenn sie selbst reden, sprechen sie die Eltern immer wieder mit ihrem Namen an und wählen einen freundlichen Tonfall.

Wenn die Eltern sprechen, hören Erzieher/innen konzentriert zu und fördern den Redefluss durch unterstützende Äußerungen wie „Ah ja" oder „Mhm" und durch Gesten wie Zunicken oder Zulächeln. Sie unterbrechen die Eltern nicht und helfen ihnen geschickt weiter, wenn sie nach Wörtern suchen. Durch Fragen und Rückfragen zeigen die Fachkräfte, dass sie sich für die Themen der Eltern interessieren und sich um ein wirkliches Verständnis bemühen. Sie äußern Anerkennung, wenn Eltern von ihrem Bemühen und ihren Leistungen berichten, und Mitgefühl, wenn sie von Schwierigkeiten erzählen. Die Erzieher/innen vermeiden es, Aussagen zu hinterfragen oder gar zu kritisieren (z.B. impliziert schon ein „Ja, aber...“ Widerspruch); stattdessen äußern sie ihre eigene Meinung in der Form der schon erwähnten Ich-Botschaft.

Die skizzierten Haltungen und Verhaltensweisen dürfen aber nicht „mechanisch“ bzw. als „Techniken“ eingesetzt werden. Ein Elterngespräch ist primär eine zwischenmenschliche *Begegnung* – ein Geschehen, das an Lebendigkeit und Spontaneität verliert, wenn sich ein Gesprächspartner irgendwie „unnatürlich“ verhält.

Vorbereitung und Planung von Elterngesprächen

Termingespräche sollten gründlich vorbereitet und eventuell *im Team vorbesprochen* werden. Besonders schwierige oder angsterzeugende Gespräche können auch vorab im Rollenspiel geübt werden.

Für immer wiederkehrende Gesprächssituationen wie z.B. Aufnahmegespräche kann ein *Raster* bzw. eine *Checkliste* verwendet werden. Dies entlastet die Erzieherin und stellt zugleich sicher, dass alle wichtigen Themen angesprochen werden. Das Gespräch darf aber nicht in ein bloßes Abfragen von Informationen „ausarten“; die Eltern sollten sich auch als Personen mit ihren Bedürfnissen, Erwartungen und Wünschen einbringen können.

Bei der Vorbereitung von Termingesprächen helfen folgende Fragen:

- Weshalb ist das Gespräch notwendig?
- Wer soll an dem Gespräch teilnehmen? (neben der Gruppenleiterin die Zweitkraft? die Kindergartenleiterin? der Träger? eine externe Person als Spezialist oder Vermittler? beide

Eltern? ein miterziehender Großelternteil? der Partner einer alleinerziehenden Mutter? der geschiedene Elternteil, bei dem das Kind nicht lebt? der Stiefelternteil? das Kind?)

- Was muss ich unternehmen, um die ungestörte Anwesenheit eines Elternteils sicherzustellen? (z.B. Betreuung eines nicht in der Kindertageseinrichtung angemeldeten kleineren Kindes regeln)
- Was will ich mit dem Gespräch erreichen? (Ziele als Orientierungslinien; ergebnisoffen definieren)
- Welche Themen sollen behandelt werden? Welche Sachverhalte will ich unbedingt ansprechen? Was ist aus meiner Sicht das Problem/der Konflikt?
- Verfüge ich über genügend konkrete Beispiele, um das Verhalten des Kindes zu verdeutlichen?
- Was für Informationen benötige ich von den Eltern?
- Was für Einstellungen, was für eine Haltung habe ich gegenüber den Gesprächspartnern? Wie komme ich menschlich mit ihnen zurecht?
- Wie sind frühere Gespräche verlaufen? Habe ich mit den Eltern schon über dasselbe bzw. ein ähnliches Thema gesprochen? Mit welchem Ergebnis?
- Mit welchen Schwierigkeiten und Widerständen ist zu rechnen und wie kann auf sie reagiert werden?
- Wie lange soll das Gespräch dauern?

Oft ist es nötig, noch weitere Beobachtungen über das Kind, seine Entwicklung und sein Verhalten zu sammeln (eventuell unter Verwendung von Beobachtungsbögen, Entwicklungstabellen, Checklisten usw.), Aufzeichnungen zu sichten oder Kolleg/innen zu konsultieren. Werden im Kindergarten Dokumentationsverfahren eingesetzt, so kann im Gespräch auch auf Portfolios, Lerngeschichten u.Ä. zurückgegriffen werden.

Gesprächstermine sollten möglichst frühzeitig mit den Eltern vereinbart werden. Dabei wird immer auch der Gesprächsanlass genannt. Möchte man die Anwesenheit voll erwerbstätiger Eltern sicherstellen, ist oft nur ein Termin nach 17.00 Uhr möglich. Prinzipiell sollte ein Gespräch nicht unter Zeitdruck erfolgen.

Wird das Gespräch von den Eltern gewünscht, sollten sie kurz nach ihrem Anliegen gefragt werden. Das erleichtert der Erzieherin die Vorbereitung des Gesprächs, wobei sie sich an den meisten der gerade genannten Fragen und Grundsätze orientieren kann.

Direkt vor dem Gespräch ist sicherzustellen, dass der Raum entsprechend ausgestattet ist (z.B. aufräumen, genügend Sitzgelegenheiten schaffen, lüften), alle benötigten Unterlagen in greifbarer Nähe liegen, eventuell Getränke bereit stehen und Störfaktoren wie Telefon bzw. Handy ausgeschaltet sind. Mit den Kindern und Kolleg/innen sollte vereinbart werden, dass ein Raum prinzipiell nicht betreten werden darf, wenn z.B. ein bestimmtes Schild an der Tür hängt.

Durchführung von Elterngesprächen

Das Termingespräch sollte in einer angenehmen Atmosphäre stattfinden. Die Erzieherin verhält sich wie eine Gastgeberin, begrüßt die Eltern (und andere Gesprächspartner), setzt sich beim Zweiergespräch über Eck oder wählt bei mehreren Gesprächspartnern eine kreisförmige Sitzordnung. Sie beginnt das Gespräch mit „Smalltalk", damit die Eltern etwas „Eingewöhnungszeit" haben. Dann nennt sie den Gesprächsanlass, vorgesehene Themen und den zeitlichen Rahmen. Wurde das Gespräch von den Eltern gewünscht, bittet sie diese, nun ihr Anliegen ausführlich zu schildern.

Die Erzieherin stellt sicher, dass im Verlauf des Gesprächs bei dem jeweiligen Thema geblieben bzw. ein Thema nach dem anderen abgehandelt wird. Auch *trennt sie deutlich zwischen der Beschreibung beobachteter Verhaltensweisen und deren Interpretation.* Ganz wichtig ist, dass die Eltern genügend Zeit haben, sich selbst und ihre Themen, Be-

41

obachtungen und Meinungen einzubringen. Das Gespräch darf *keinesfalls von der Erzieherin dominiert* werden, sondern alle Gesprächspartner sollten gleichberechtigt sein und im Prinzip gleich viel Redezeit beanspruchen können. Treten Pausen auf, sollten diese nicht als unangenehm empfunden werden, sondern als Gelegenheiten zum Nachdenken genutzt werden.

Ein positiver Gesprächsverlauf kann auch dadurch erreicht werden, dass die Erzieherin viele *offene Fragen* stellt. Verständnisfragen zeigen Interesse an den Aussagen des Gesprächspartners und Meinungsfragen an dessen Auffassungen und Einstellungen. Werden seine Aussagen zurückreflektiert oder hinsichtlich der zugrunde liegenden Empfindungen „interpretiert", zeigt die Erzieherin, dass sie *aktiv zuhört*, also ihn richtig verstehen möchte und mit ihm mitfühlt. Bei Problemen ist es sinnvoll, erst den Gesprächspartner zu bitten, Lösungen vorzuschlagen. Durch ein solches Verhalten zeigt die Erzieherin Empathie, Respekt und Wertschätzung (s.o.). Zugleich vermittelt sie die Botschaft „Du bist okay" – was die Wahrscheinlichkeit erhöht, dass die Eltern auch die Erzieherin „okay" finden.

Zeichnet es sich ab, dass das Thema nicht abschließend behandelt werden kann, dreht sich das Gespräch im Kreise oder werden starke negative Emotionen geweckt, ist es oft sinnvoll, *die Besprechung abzubrechen* und einen neuen Termin anzuberaumen.

Am Ende des Gesprächs *fasst die Erzieherin die Ergebnisse zusammen*, wobei sie vor allem das betont, was die Eltern und sie selbst konkret machen wollen. Eventuell vereinbart sie gleich einen weiteren Gesprächstermin, falls noch Themen unbehandelt blieben oder über gerade beschlossene Maßnahmen berichtet werden soll (z.B. Ausprobieren bestimmter Verhaltensweisen gegenüber dem Kind, Änderungen im Erziehungsstil, Vorstellen des Kindes bei Spezialisten, Konsultation einer Erziehungsberatungsstelle). Dann verabschiedet sie die Eltern und begleitet sie eventuell noch bis zum Ausgang.

Bei Elterngesprächen darf keinesfalls bei den Eltern der Eindruck entstehen, dass die Erzieherin eine „Checkliste" abarbeitet oder den Gesprächsablauf stark steuert. Dann gehen Lebendigkeit und Spontaneität verloren, sprechen Eltern nicht alles aus, was ihnen am Herzen liegt. Der Verlauf eines Gesprächs kann letztlich nie im Voraus festgelegt werden, da man das Verhalten des Gesprächspartners nicht voraussagen kann – hier liegen die Grenzen jeglicher Vorbereitung und Planung.

Nachbereitung und Reflexion

Generell ist es sinnvoll, Elterngespräche zu *protokollieren*. Dazu können Notizen während des Gesprächs gemacht werden, die anschließend geordnet und ergänzt werden. Das Protokoll kann sich nicht nur bei späteren Gesprächen als sinnvoll erweisen, sondern der Prozess des Erstellens fördert auch das Nachdenken darüber, inwieweit alle Ziele erreicht und alle vorgesehenen Themen behandelt wurden, was an Informationen und insbesondere an überraschenden Neuigkeiten gesammelt wurde, welche Konsequenzen hinsichtlich des eigenen Verhaltens gegenüber dem jeweiligen Kind zu ziehen sind usw.

Wichtig ist auch *die Reflexion des eigenen Verhaltens während des Gesprächs*: Habe ich die Regeln der Gesprächsführung beachtet? Bin ich „cool" geblieben bzw. habe ich mich professionell verhalten? Haben die Eltern meine Anliegen gut verstanden?

Insbesondere wenn eine Erzieherin nach Elterngesprächen mit ihrem Verhalten oft unzufrieden ist, sollte sie zukünftige Gespräche im Team vorbesprechen und im Rollenspiel üben, relevante Fortbildungen besuchen, Fachleute wie Erziehungsberater konsultieren oder eine Supervision in Betracht ziehen. Letzteres ist vor allem dann wichtig, wenn die Ursachen für Schwierigkeiten bei der Erzieherin liegen, weil sie z.B. Antipathie gegenüber einzelnen Eltern empfindet, Vorurteile ihnen gegenüber hat, zu hohe Erwartungen an sie stellt oder aufgrund negativer Vorerfahrungen mit den jeweiligen Eltern eine ablehnende, zurückweisende Haltung entwickelt hat. Manchmal mag sie auch einzelne Kinder aufgrund bestimmter Charakteristika unsympathisch finden oder gar unbewusst ablehnen, was oft von deren Eltern erspürt wird. Sind (junge) Erzieher/innen sehr unsicher, können sie ihre pädagogische Arbeit nicht begründen und vermitteln sie zu wenig den Eindruck von Kompetenz, dann dürfen sie sich nicht wundern, wenn Eltern immer wieder ihre pädagogische Arbeit hinterfragen und sehr kritisch werden.

Der Erfolg von Elterngesprächen hängt also auch davon ab, wie professionell eine Erzieherin ist bzw. wie viel berufliche Autorität sie ausstrahlt und wie weit sie durch Selbsterfahrung und Reflexion in der Lage ist, sich von ihren Gefühlen und Voreinstellungen gegenüber einzelnen Eltern zu distanzieren. Hat sie den Eltern – z.B. bei den Erstkontakten – deutlich gemacht, was ihre Rolle, Aufgaben, Kompetenzen und Grenzen als Erzieherin sind und was sie für Erwartungen an die Kindergarteneltern hat, können viele Probleme aufgrund unterschiedlicher Rollen- und Beziehungsdefinitionen vermieden werden.

2.2 Formen von Elterngesprächen

Elterngespräche sind *Kernpunkt der Erziehungs- und Bildungspartnerschaft*, da nur hier der Austausch über die Entwicklung und das Verhalten des Kindes sowie ein Abstimmen von Bildungs- und Erziehungszielen möglich sind. Ihre Bedeutung ergibt sich auch aus landesgesetzlichen Bestimmungen wie z.B. dem Bayerisches Kinderbildungs- und -betreuungsgesetz: „Die pädagogischen Fachkräfte informieren die Eltern regelmäßig über den Stand der Lern- und Entwicklungsprozesse ihres Kindes in der Tageseinrichtung. Sie erörtern und beraten mit ihnen wichtige Fragen der Bildung, Erziehung und Betreuung des Kindes" (Art. 11 Abs. 3 BayKiBiG). Elterngespräche sollten mindestens zweimal im Jahr stattfinden, bei unter dreijährigen Kindern sogar noch öfters. Aber auch Übergänge (Aufnahme in die Kindertageseinrichtung, Einschulung etc.) und Verhaltensauffälligkeiten sind wichtige Anlässe für Besprechungen. Dies verdeutlicht, dass es unterschiedliche Formen von Elterngesprächen gibt.

Wichtige Gespräche mit Eltern sollten nicht in Form von Tür- und Angel-Gesprächen erfolgen. So groß deren Bedeutung auch im Kindergartenalltag ist, es fehlen doch Grundvoraussetzungen für einen positiven Gesprächsverlauf, wie z.b. Ruhe, Konzentration und eine angenehme Atmosphäre. Bei wesentlichen Themen ist deshalb die Vereinbarung eines Besprechungstermins angezeigt.

Elterngespräche sollten *regelmäßig* und *präventiv* geführt werden. Es darf bei Eltern nicht der Eindruck entstehen, dass mit ihnen nur bei Problemen und Konflikten ein Termin vereinbart wird. Das Wissen, dass es sich bei Elterngesprächen um ein „Pflichtangebot" für alle Eltern handelt, reduziert (Schwellen-) Ängste und negative Erwartungen.

Bei allen Elterngesprächen geht es auch um das *gegenseitige Kennenlernen* (insbesondere von Elternteilen, mit denen die Erzieherin ansonsten wenig Kontakt hat – zumeist Väter) sowie um den Aufbau und die Intensivierung der Bildungs- und Erziehungspartnerschaft. Für beide Seiten ist es wichtig, ein *besseres Verständnis vom jeweiligen Kind* zu gewinnen und das Erziehungsverhalten abzustimmen.

Aufnahmegespräch

Das Aufnahmegespräch markiert den Start in eine gemeinsame Zukunft. Hier werden in erster Linie wichtige Informationen über das Kind, die Familie und den Kindergarten ausgetauscht.

Ein Schwerpunkt des Aufnahmegesprächs ist das Erfassen der Vorgeschichte und aktuellen Lebenssituation des neuen Kindes. Prinzipiell sind Erzieher/innen bestrebt, „Kinder ‚da abzuholen, wo sie stehen'. Sie möchten auf jedes einzelne Kind mit seinen Interessen eingehen, jedem Kind mit seinen Bedürfnissen gerecht werden. Ein hoher Anspruch, der nur eingelöst werden kann, wenn der Erzieherin die Erfahrungen, die die neuen Kinder ... schon gemacht haben, bekannt sind. Erzieherinnen sind angehalten, familienergänzend und familienunterstützend zu arbeiten" (Burtscher 2002, S. 134 f.) – was nur möglich ist, wenn sie die Familiensituation sowie die Erwartungen und Wünsche der Eltern kennen.

So erfragt die Erzieherin, wie sich das aufzunehmende Kind bisher entwickelt hat, was es für Stärken und Schwächen, Vorlieben und Abneigungen hat, was seine Lieblingsbeschäftigungen sind, wie sein Spielverhalten ist, wie es mit anderen Kindern zurechtkommt, ob es schon fremdbetreut wurde, was medizinisch zu beachten ist usw. Auch wird geklärt, ob das Kind z.B. aufgrund religiöser Vorschriften bestimmte Dinge nicht essen darf. Ferner wird über die Familiensituation gesprochen (Familienstand, Beruf, Interessen und Hobbys der Eltern, Geschwister etc.). Die Fachkraft fragt, wie die Eltern bisher den Alltag des Kindes gestaltet haben, was ihnen hinsichtlich seiner Erziehung und Bildung wichtig ist, wie sie es erziehen, ob sie Probleme mit ihm haben, wie sie seine Entwicklung fördern und was sie vom Kindergarten erwarten. So spüren die Eltern nicht nur das Interesse der Erzieherin an ihrem Kind und seiner „Familienbildungsgeschichte" (Burtscher 2002), sondern auch an ihren Vorstellungen und Wünschen – sie erleben sich *als Experten für ihr Kind und als Erziehungspartner* wahrgenommen.

Der zweite Schwerpunkt des Aufnahmegesprächs ist die Vorstellung des Kindergartens anhand der pädagogischen Konzeption (sofern die Eltern sie noch nicht gelesen haben). Die Erzieherin beschreibt den Tagesablauf, besondere Aktivitäten mit Kindern, ihren eigenen Erziehungsstil, Außenkontakte (z.B. regelmäßige Besuche einer Kinderärztin oder eines Erziehungsberaters), was Eltern geboten und was von ihnen erwartet wird usw. Sie geht mit den Eltern den Betreuungsvertrag, Formulare und Informationsblätter durch. Fragen, wechselseitige Erwartungen, Verpflichtungen und eventuelle Missverständnisse werden geklärt.

Der dritte Schwerpunkt des Aufnahmegesprächs befasst sich mit dem Übergang des Kindes von der Familie in den Kindergarten. Die Erzieherin beschreibt, wie diese Transition in ihrer Einrichtung gestaltet wird. Heute ist es üblich, dass Kleinkinder in Anwesenheit ihrer Eltern langsam eingewöhnt werden und sich die Eltern dann für immer längere Zeiten zurückziehen, bis das Kind schließlich für die gesamte Betreuungszeit alleine in der Kindertageseinrichtung bleiben kann (vgl. Kapitel 2.10).

Das Aufnahmegespräch und die anderen ersten Kontakte sind für das Entstehen einer Bildungs- und Erziehungspartnerschaft von besonderer Bedeutung. Der *erste Eindruck*, den die Eltern von der Erzieherin und der Tageseinrichtung erhalten, *prägt stark ihre Einstellung*. Wird ihnen z.B. verdeutlicht, dass die Anwesenheit des Vaters bei solchen Gesprächen notwendig ist, dass eine intensive Mitarbeit beider Eltern in der Einrichtung gewünscht wird und dass jederzeit ein Erfahrungsaustausch möglich ist, dann wird das Fundament für eine enge Zusammenarbeit gelegt.

Eingewöhnungsgespräch

Gegen Ende der Eingewöhnungszeit bietet ein Termingespräch die Möglichkeit, deren Verlauf zu reflektieren und noch offene Fragen der Eltern detaillierter zu beantworten, als dies in der Betreuungssituation möglich ist. Die Erzieherin hat nun schon eine recht genaue Vorstellung von dem Kind, seinem Entwicklungsstand, seinen Stärken und Schwächen. So geht es bei dem Gespräch nicht nur darum, wie das Kind die Eingewöhnung und die Trennung von den Eltern „verkraftet" hat, wie die Eltern die Abwesenheit des Kindes erleben, ob sich das Verhalten des Kindes daheim geändert hat und ob die Eltern soweit mit der Kindertageseinrichtung zufrieden sind, sondern auch um einen Bericht über die gemachten Beobachtungen.

Der daraus resultierende Erfahrungsaustausch ermöglicht es, in der Bildungs- und Erziehungspartnerschaft noch einen Schritt weiterzugehen, also z.B. *gemeinsam Entwicklungsziele für das Kind festzulegen und das Erziehungsverhalten abzustimmen.*

Bei diesen Elterngesprächen geht es um eine *Reflexion der Entwicklung des jeweiligen Kindes* in Kindergarten und Familie. Dies setzt voraus, dass die Erzieherin zuvor das Kind genau beobachtet hat und somit fundiert (z.b. anhand von Notizen, Gesprächsaufzeichnungen, Beobachtungsbögen, Entwicklungstabellen, Einschätzskalen, Fotos von Schlüsselszenen, Lerngeschichten oder Werken des Kindes) über seine motorische, soziale, kognitive, emotionale und Sprachentwicklung Auskunft geben kann. Es ist sinnvoll zu prüfen, ob die Zweitkraft (bzw. bei offenen Gruppen die Kolleg/innen) ähnliche Beobachtungen gemacht hat.

Auch die Eltern sollten vor einem Entwicklungsgespräch ihr Kind genauer beobachten (z.b. anhand eines Fragenkatalogs oder eines Beobachtungsbogens). Wurden bei einer früheren Besprechung „aus dem Rahmen fallende" Entwicklungen oder Verhaltensweisen diskutiert, so kann die Erzieherin hierzu gezielt Fragen stellen. Den Eltern kann ferner das Angebot gemacht werden, vor dem Eingewöhnungsgespräch im Kindergarten zu hospitieren, sodass sie ihr Kind in der Interaktion mit anderen Kindern, beim Freispiel und während eines Bildungsangebots beobachten können.

Zu Beginn des Termingesprächs sollte zunächst ein Überblick über die Gesamtentwicklung gegeben werden. Im weiteren Verlauf ist zu beachten, dass alle Entwicklungsbereiche angesprochen werden. Immer wieder sollten die Eltern die Möglichkeit haben, nachzufragen, eigene Beobachtungen zu schildern oder Aussagen zu kommentieren. Unterschiedliche Beobachtungen, die sich nicht auf ein Problemverhalten beziehen, müssen nicht ausdiskutiert werden. Zumeist reicht der Hinweis, dass sich viele Kinder zu Hause anders als im Kindergarten verhalten.

Viele Eltern haben vor dem (ersten) Entwicklungsgespräch Angst, da sie befürchten, es würde dabei vor allem um Schwächen ihres Kindes und um Defizite der Familienerziehung gehen. Als Bindungspersonen ihres Kindes sind sie emotional stark engagiert und damit auch verletzlich. Dem Ressourcenansatz entsprechend sollte ein Entwicklungsgespräch daher prinzipiell mit den *Stärken* des jeweiligen Kindes beginnen; diese sollten möglichst im Mittelpunkt des Gesprächs stehen. Die Erzieherin berichtet von seinen Lernerfolgen und Entwicklungsfortschritten, die z.b. als Strahlen einer Sonne visualisiert werden können. Werden in dem jeweiligen Kindergarten Portfolios geführt oder Bildungsgeschichten niedergelegt, so kann die Fachkraft diese Dokumentationen mit den Eltern anschauen. Ältere Kinder können auch selbst ihr Portfolio vorstellen und diesbezügliche Fragen beantworten (danach kehren sie in ihre Gruppe zurück). Dann fragt die Erzieherin die Eltern, was sie bei ihrem Kind an neuen Kompetenzen und Kenntnisse, an Potenzialen und besonderen Begabungen beobachtet haben.

Das bedeutet natürlich nicht, dass *Schwächen* unerwähnt bleiben – ihnen wird im weiteren Verlauf des Gesprächs ausreichend Raum gegeben (hinsichtlich Entwicklungsverzögerungen und Verhaltensstörungen siehe Kapitel 2.3). Werden problematische Reaktionen angesprochen, die (noch) keine Verhaltensauffälligkeiten sind und keiner besonderen Erziehungsmaßnahmen bedürfen, kann die Erzieherin eine eher neutrale Formulierung wählen, z.B. bei einem zweijährigen Kind: „Martina kann noch nicht zwischen Mein und Dein unterscheiden" anstatt „Martina nimmt den anderen Kindern immer alles weg!". Keinesfalls dürfen Schwächen verharmlost oder gar verheimlicht werden, weil die Erzieherin das Kind z.B. für einen „Spätentwickler" hält.

Besonders wichtig ist zu besprechen, wie das Kind in einem „schwachen" Entwicklungsbereich noch besonders gefördert oder was bei problematischen Verhaltensweisen gemacht werden kann. Hier ist anzustreben, dass sich sowohl die Eltern als auch die Erzieher/innen *auf bestimmte Erziehungs- und Fördermaßnahmen festlegen*.

Damit wird schon angedeutet, dass ein Entwicklungsgespräch nicht bloß dem Informationsaustausch und der Reflexion dient – und auch nicht nur der Gewinnung eines mehrperspektivischen Bildes vom jeweiligen Kind. Vielmehr hat jede Beobachtung, jede Form der Dokumentation und jedes Entwicklungsgespräch letztendlich

49

das Ziel, die *Erziehung und Bildung bestmöglich entsprechend dem individuellen Bedarf des Kindes zu gestalten* (Individualisierung) – sowohl auf Seiten des Kindergartens als auch der Familie. Deshalb muss unbedingt besprochen werden, wie Erzieherin und Eltern noch gezielter und besser die Entwicklungs- und Lernbedürfnisse des Kindes befriedigen, besondere Begabungen fördern, Stärken ausbauen und Schwächen ausgleichen können.

In diesem Kontext können Erzieher/innen Eltern motivieren, *ihre Kinder in bestimmten Bildungsbereichen (verstärkt) zu fördern*. Beispielsweise können sie auf dem Gebiet der Spracherziehung die Eltern zu folgenden Aktivitäten anhalten: Vorlesen, Bilderbücher betrachten, (Gute-Nacht-) Geschichten erzählen, dem Kind zuhören, wenn es etwas sagt, und dann das Gespräch ausweiten usw. Außerdem können sie ihnen aufzeigen, dass auch im ganz normalen Familienalltag viele Lernchancen liegen, wenn Kinder z.B. am Kochen, Backen, Tischdecken oder Wäschewaschen beteiligt werden (siehe Textor 2014; vgl. Textor 2008). Wenn Eltern mit ihrem Kind nicht seinem Alter entsprechend umgehen, können Erzieher/innen sie zur Hospitation in die Kindergruppe einladen. Hier können Eltern am Vorbild der Fachkräfte beobachten, wie man Spiele und Bildungsaktivitäten altersgemäß auswählt, wie man sie mit Kindern durchführt, wie man deren Motivation und Konzentration aufrecht erhält usw. (vgl. Kapitel 2.4).

In anderen Fällen kommt es eher darauf an, Eltern zu „bremsen", wenn sie z.B. zu großen Wert auf die kognitive Förderung ihrer Kinder legen und sie durch eine Unmenge von Lernangeboten in Familie, Musikschule, Sportverein oder anderen Einrichtungen überfordern. Zudem vernachlässigen sie dann manchmal weitere Entwicklungsbereiche wie z.B. die Grob- und Feinmotorik.

Beim Entwicklungsgespräch werden die Eltern auch gefragt, ob es hinsichtlich der Familiensituation und -erziehung noch wichtige Informationen gibt, die den Erzieher/innen helfen, das Kind besser zu verstehen und richtig zu erziehen. Solche Hinweise erleichtern die pädagogische Arbeit mit dem jeweiligen Kind. Es kann auch angeregt werden, dass die Eltern ein „Familienbuch" anlegen, in dem sie die Kindergartenzeit ihres Kindes dokumentieren. Auf diese Weise beobachten sie genauer dessen Entwicklung.

Eine besondere Bedeutung haben Entwicklungsgespräche bei anstehenden Transitionen, also vor dem Übergang in die Schule oder in eine andere Kindertageseinrichtung. Hier wird zunächst die Bildungsbiographie des jeweiligen Kindes anhand der Entwicklungsdokumentation des Kindergartens besprochen, die Auskunft über die erzielten Lernerfolge und Fortschritte gibt. Neben der Besprechung seiner „Schul-" oder „Hortreife" und eventueller Förderbedarfe steht die Frage im Vordergrund, wie ihm seitens der Erzieherin und Eltern der Übergang erleichtert werden kann. Auch können die Erwartungen und Ängste der Eltern sowie die anstehenden Veränderungen in der Familie reflektiert werden. Abschließend kann mit den Eltern besprochen werden, wie sie und ihr Kind die Zeit in der Kindertageseinrichtung erlebt haben, womit sie zufrieden waren und was sie sich anders gewünscht hätten. In diesem Teil des Gespräches können die Kinder einbezogen werden.

Tür- und Angel-Gespräche

Die ausführliche Diskussion von Termingesprächen in diesem Kapitel sollte nicht den Eindruck vermitteln, dass Tür- und Angel-Gespräche unwichtig seien. Das Gegenteil ist der Fall: In den tagtäglichen kurzen Kontakten wird das Fundament für die Bildungs- und Erziehungspartnerschaft gelegt. Wie die Eltern beim Bringen und Abholen ihres Kindes begrüßt werden, ob die Erzieherin ihnen gelegentlich beim Abholen von besonderen Erlebnissen oder Lernerfolgen ihres Kindes berichtet, sie kurz über einen gerade erfolgten Entwicklungsschritt informiert oder sie auf ein besonderes „Arbeitsprodukt" des Kindes hinweist, ob sich die Fachkraft nach Persönlichem erkundigt (dem Verlauf der Schwangerschaft, der Entwicklung eines Geschwisterteils, dem gerade beendeten Urlaub, dem Grund für einen traurigen Gesichtsausdruck) und ob sie gelegentlich auch Einblicke in ihre Privatsphäre ermöglicht – all das prägt die Beziehung zwischen Erzieherin und Eltern, lässt Vertrauen und Verständnis wachsen (oder auch nicht).

Tür- und Angel-Gespräche ermöglichen einen kontinuierlichen wechselseitigen Austausch – ohne großen Zeitaufwand. In ihnen geht es zumeist um Positives; Probleme und Konflikte sollten in Termingesprächen behandelt werden. So tragen Tür- und Angel-Gespräche zu einer guten Atmosphäre zwischen Kindergarten und Familie bei. Aufgrund ihrer Bedeutung sollten Erzieher/innen während der Bring- und Abholzeit möglichst oft präsent sein, also für diese Tagesabschnitte z.b. keine Besprechungen, Büroarbeiten oder Vorbereitungen von Bildungsangeboten einplanen. So können sie die Eltern freundlich begrüßen und mit einigen von ihnen kurze Gespräche führen. Das geht natürlich nicht an jedem Tag...

(Video-) Telefonate

Mit Eltern, die nicht in den Kindergarten kommen (z.b. weil ihre Kinder mit dem Schulbus gebracht werden), können anstatt der Tür- und Angel-Gespräche regelmäßig längere Telefonate (auch per Skype, Zoom, Facetime, Google Duo, Wire, Facebook Messenger usw.) geführt werden. Auch sie dienen in erster Linie der Kontakt- und Beziehungspflege sowie dem Informationsaustausch. Entwicklungs- und Problemgespräche sollten hingegen in der Einrichtung geführt werden, notfalls auch bei einem Hausbesuch.

2.3 Beratungs- und Konfliktgespräche

Bei Erziehungsschwierigkeiten, Verhaltensauffälligkeiten oder Entwicklungsverzögerungen sind Elterngespräche von besonderer Bedeutung (vgl. Textor 2020a). Die Ursachen liegen oft in der Familie, lassen sich durchaus aber auch im Kindergarten finden. Ferner können Familienprobleme Kinder stark belasten und ihre Entwicklung beeinträchtigen.

Den Kindern kann in der Regel nur geholfen werden, wenn Erzieher/innen die Zusammenarbeit mit den Eltern suchen, sie beraten und geeignete Hilfsangebote vermitteln. Das setzt zum einen Beratungskompetenzen und zum anderen die Vernetzung des Kindergartens mit anderen Jugendhilfeeinrichtungen und psychosozialen Diensten voraus.

Beratungsgespräche

Bei Problemgesprächen ist besonders auf die in Kapitel 2.1 beschriebenen Grundsätze der Gesprächsführung zu achten. Oft ist es empfehlenswert, auf die *Vertraulichkeit* des Gespräches hinzuweisen. Die Erzieherin sollte zunächst Stärken des Kindes bzw. andere positive Aspekte betonen, damit den Eltern deutlich wird, dass die Fachkraft ihrem Kind gegenüber positiv eingestellt ist und es wertschätzt.

Wird dann das Problemverhalten angesprochen, sollte die Erzieherin es *genau beschreiben und mit konkreten Beispielen illustrieren*. Auch stellt sie dar, was sie bereits erzieherisch unternommen hat und weshalb sie bisher keine nennenswerten Verbesserungen erreicht hat. Interpretationen, Vergleiche mit anderen Kindern, Etikettierungen oder die Äußerung eigener Gefühle wie Frustration, Ärger oder Mitleid sollten weitgehend vermieden werden.

Besser ist es, *die Eltern von Anfang an in die Definition und Erklärung des Problems einzubinden*, indem Fragen gestellt werden wie: „Haben Sie in Ihrer Familie Vergleichbares beobachtet?" Und falls ja: „Was sind Ihrer Meinung nach die Ursachen dieses Verhaltens?" – „Was haben Sie zu Hause ausprobiert, um das Verhalten Ihres Kindes zu ändern?"

Zusammen mit den Eltern reflektiert die Erzieherin die jeweilige Situation bzw. das Problem, bleibt dabei sachlich und bemüht sich um Einsicht. Auch sollte sie akzeptieren, wenn die Eltern verneinen, dass sie zu Hause ähnliche Probleme erleben – die Familie ist ein anderes System mit besonderen Beziehungsdefinitionen, Rollen,

Leitbildern, Werten, Normen, Regeln usw., und so ist es normal, wenn sich ein Kind dort anders verhält als im Kindergarten.

Dasselbe gilt natürlich auch umgekehrt: Wenn Eltern um ein Beratungsgespräch gebeten haben, weil sie zu Hause Erziehungsschwierigkeiten haben oder ihr Kind als verhaltensauffällig erleben, kann es durchaus sein, dass das Kind im Kindergarten keine Probleme macht. So darf die Erzieherin nicht mit Unverständnis reagieren oder gar den Eltern mangelnde Erziehungskompetenz unterstellen. Vielmehr muss sie sich das Problem und die Situationen, in denen es auftritt, genau beschreiben lassen, Empathie zeigen und ihre Hilfe anbieten.

Die Erzieherin sollte prinzipiell versuchen, auf Vorwürfe und Kritik zu verzichten, und folgenden Ratschlag von Manning und Schindler (1997) beachten: „Eltern haben emotional stark in ihr Kind investiert – das wissen Sie. Was aber schwerer zu erkennen sein mag, ist ihr Investment in Sie. Selbst wenn sie dies nicht zeigen, legen die meisten Eltern Wert auf Ihre positive Meinung und sind schnell verletzt, wenn sie den gegenteiligen Eindruck haben. Jeder ‚negative' Kommentar über ihr Kind wird als Kritik an ihrem Erziehungsverhalten verstanden" (S. 29 f.).

So ist es wichtig, den Eltern gegenüber zu verdeutlichen, dass man sie nicht kritisieren, sondern nur wissen lassen will, was man selbst als Problem erlebt. Es ist auch zu bedenken, dass die Erzieherin die Eltern und deren Verhalten nicht verändern kann – diese müssen das selbst wollen.

Einer solchen Erkenntnis zu entsprechen, ist besonders wichtig, wenn nur die Eltern von Erziehungsschwierigkeiten und Verhaltensauffälligkeiten berichten: Sie müssen „Eigentümer" ihres Problems und verantwortlich für dessen Lösung bleiben. Die Erzieherin kann nicht die Eltern-Kind-Beziehung oder die Familienerziehung in größerem Maße beeinflussen...

Generell ist es sinnvoll, in Beratungsgesprächen konstruktiv vorzugehen, d.h. *gemeinsam mit den Eltern zu besprechen, wie Änderungen im Verhalten des Kindes erreicht oder andere Schwierigkeiten bewältigt werden könnten.* Hier bietet es sich an, analog zum Problemlösungsprozess vorzugehen, also nachstehenden Schritten zu folgen:

- *Was ist das Problem?* (genaue Definition der Verhaltensauffälligkeit, der Erziehungsschwierigkeit oder des Familienproblems; sowohl Eltern als auch Erzieher/innen müssen diese Definition akzeptieren)
- *Wo liegen die Ursachen des Problems?* (Bestimmung vorausgehender und nachfolgender Ereignisse und Verhaltensweisen, von Auslösern und Verstärkern; Suche nach problematischen Strukturen und Erziehungsfehlern in Kindergarten und Familie)
- *Welches Ziel soll angestrebt werden?* (Festlegung realistischer Ziele für den Problemlösungsprozess; eventuell Teilziele unterscheiden; Ziele möglichst positiv formulieren)
- *Welche Lösungsmöglichkeiten sind denkbar?* (Brainstorming; sich mit eigenen Vorschlägen zurückhalten, damit die Eltern nicht den Eindruck gewinnen, man würde einen bestimmten Plan haben; Beurteilung der Vor- und Nachteile jeder Alternative sowie möglicher Umsetzungsschwierigkeiten)
- *Welche Alternative soll ausgewählt werden?* (Auswahl eines Lösungsweges; Planung der Umsetzung; Ermittlung benötigter Ressourcen und möglicher Widerstände; immer mit den Stärken der Eltern und Erzieher/innen arbeiten; Vereinbarung über die Umsetzung der ausgewählten Alternative schließen; Festlegung eines Zeitrahmens für die Erprobung)
- *Umsetzung der Alternative* (Einsatz der vereinbarten Lösungsstrategie in Familie und/oder Kindergarten; gegenseitige Unterstützung und Hilfestellung)
- *Wurde das Problem gelöst?* (auf die Erfolgskontrolle sollte keinesfalls verzichtet werden – zum einen können alle Betroffenen daraus nur lernen, zum anderen wirken bei einem Erfolg Lob und Anerkennung verstärkend)

Eventuell sind weitere Gespräche nötig, um Probleme bei der Umsetzung der Lösungsstrategie zu diskutieren, eine andere, erfolgversprechendere Alternative auszusuchen oder neu aufgetretene Schwierigkeiten zu besprechen. Damit Eltern und Fachkräfte motiviert bleiben, sollten auch kleine Fortschritte oder positive Entwicklungen in anderen Bereichen gewürdigt werden.

Erzieher/innen sollten ihre Grenzen erkennen und Eltern gegenüber aufzeigen: Sie sind *keine professionellen Berater/innen* oder gar Therapeut/innen und haben auch nicht die Zeit, im Einzelfall mehrere längere Problemgespräche zu führen. Außerdem dürfen sie nicht an sich selbst den Anspruch stellen, das Kind „retten" zu wollen oder aus „unfähigen" Eltern gute Erzieher machen zu können. Auch sind sie keinesfalls für Ehe- und Familienprobleme zuständig, die sich (noch) nicht negativ auf das von ihnen betreute Kind ausgewirkt haben (wie Paarkonflikte, Trennung, Alleinerzieherschaft, Arbeitslosigkeit, finanzielle Probleme, Burn-out oder schwere Erkrankung eines Elternteils, Betreuung pflegebedürftiger Großeltern, Schulprobleme eines Geschwisterteils usw.).

Wird also bei der Problemdefinition (Schritt 1) oder spätestens bei der Suche nach den Ursachen (Schritt 2) deutlich, dass die Erzieher/innen nicht weiterhelfen können, müssen sie *entsprechende Hilfsangebote vermitteln* und die Eltern zu deren Nutzung motivieren (ausführlicher bei Textor 1999, 2020a). Das setzt voraus, dass sie relevante Einrichtungen und Leistungen kennen und dass der Kindergarten mit Ämtern, Beratungsstellen und anderen psychosozialen Diensten vernetzt ist.

Hilfreich sind hier z.B. Beratungsführer und Broschüren mit der Darstellung familienpolitischer Leistungen. Diese Publikationen sind entweder vor Ort oder bei Ministerien, Verbänden und Organisationen erhältlich (Beratungsführer speziell für den Bereich der Kindertageseinrichtungen könnten auch vom Jugendamt oder von mehreren Kindertageseinrichtungen einer Stadt oder eines Landkreises gemeinsam erstellt werden). Noch besser sind persönliche Kontakte – so ist es immer leichter, Eltern z.B. zum Besuch einer Erziehungsberatungsstelle zu bewegen, wenn die Erzieherin sagen kann: „Ich kenne dort Frau X persönlich. Sie ist eine sehr freundliche Person und hat schon oft geholfen. Sie arbeitet so: ...“

Konfliktgespräche

Problemgespräche können sehr schnell zu Konfliktgesprächen ausarten, wenn Eltern z.B. das Problem nicht erkennen (wollen), mit Wut und Verärgerung reagieren, die alleinige Schuld bei der Erzieherin und im „schlechten Angebot“ der Kindertageseinrichtung sehen oder keine Kooperations- bzw. Veränderungsbereitschaft zeigen. Dasselbe gilt, wenn die Erzieherin beispielsweise sehr konfrontativ vorgeht, die Regeln der Gesprächsführung missachtet, jede Kritik der Eltern als persönlichen Angriff wertet oder nicht akzeptieren will, dass sich das Kind im System „Familie“ ganz anders verhält als im System „Kindergarten“.

Trotz aller Bemühungen der Fachkräfte wird es auch immer Eltern geben, die sich ablehnend, feindselig oder besserwisserisch verhalten und Ratschläge nicht annehmen. Probleme können ferner aus großen Unterschieden im Status resultieren, wenn z.B. Kinder von „Honoratioren“ oder von Akademiker/innen den Kindergarten besuchen – insbesondere wenn Letztere ein erziehungswissenschaftliches bzw. Lehramtsstudium absolviert haben und andere pädagogische Theorien, Bildungsmethoden und Erziehungsstile vertreten als die Fachkraft. Zudem haben sie eine größere Sensibilität für Erziehungsfehler als andere Eltern.

In einer solchen Situation kann es in einem Kindergarten zu lang andauernden Konflikten mit Eltern wegen der Bildungs- und Erziehungspraxis kommen. Dasselbe gilt, wenn Eltern besonders hohe Erwartungen hinsichtlich der frühkindlichen Bildung haben, also z.B. viele mathematische, naturwissenschaftliche und technische Angebote, einen Sprachkurs oder eine intensivere musikalische Früherziehung wünschen. Oft verweisen sie dann auf den Erziehungs- und Bildungsplan des jeweiligen Bundeslandes mit seinen detaillierten Vorgaben. Besonders problematisch ist, wenn gleichzeitig andere Eltern eine „Entschleunigung" der pädagogischen Arbeit wünschen und sich gegen eine verfrühte „Verkopfung" und Verschulung des Kindergartens aussprechen. Konflikte zwischen und mit beiden Fraktionen sind unvermeidbar – und dasselbe gilt auch, wenn Elterngruppierungen z.B. für unterschiedliche pädagogische Ansätze (Waldorf-, Montessori-, Reggio-Pädagogik usw.), religiöse Werte, Ernährungspraktiken oder Ruheregelungen eintreten.

Während in verstädterten Regionen lebende Eltern Kindergärten mit den ihren Wünschen entsprechenden Profilen finden, haben sie auf dem Land oft keine Wahl. Beide Elterngruppen stoßen in der *einen* Kindertagesstätte vor Ort aufeinander, sind aus ganz unterschiedlichen Gründen von Anfang an mit deren Konzeption und pädagogischen Arbeit unzufrieden – und die Fachkräfte stehen mitten im Konflikt. Erschwerend kommt hinzu, dass auf dem Lande jeder jeden kennt...

Zu Konfliktgesprächen kann es ganz plötzlich kommen, wenn z.B. Eltern bei einem Tür- und Angel-Gespräch die Erzieherin beschuldigen bzw. kritisieren oder wenn sie sich mit einer negativen Aussage über ihr Kind bzw. ihre Familie konfrontiert sehen. Entsteht ein Konflikt in einer solchen Situation, sollte das Gespräch möglichst *sofort abgebrochen werden*, z.B. mit den Worten: „Über diese Sache müssen wir uns in Ruhe unterhalten. Wann hätten Sie denn Zeit für ein längeres Gespräch?" Zu einem späteren Zeitpunkt haben sich dann die Gemüter wieder beruhigt; die Erzieherin kann sich auf das Gespräch vorbereiten (s.o.); die Wahrscheinlichkeit eines positiven Ausgangs ist größer.

Bei Problemgesprächen sollte möglichst vermieden werden, dass sie zu Konfliktgesprächen werden, indem die zuvor beschriebenen Grundsätze und die Regeln der Gesprächsführung befolgt werden. Auch sollte während der Besprechung darauf geachtet werden, dass es nicht zur „Spirale der Negation" (John Gottman, nach Schnabel 2001) kommt, also zu einer Abfolge von:

Kritik ➜ Rechtfertigung, Gegenangriff ➜ Verteidigung, verletzende Bemerkung über den Gesprächspartner ➜ Zurückweisung, Angriff ➜ gegenseitiges Anschreien, Blockadehaltung oder abrupter Abbruch des Streits

Das Entstehen der „Spirale der Negation" kann verhindert und ein positiverer Verlauf des Konfliktgesprächs erreicht werden, wenn die Erzieherin

- sich auf das Gespräch besonders gründlich vorbereitet, Inhalte und eigene Gefühle im Team bespricht und eventuell ihr Verhalten vorab im Rollenspiel probt.

- sich vor dem Gespräch entspannt (autogenes Training u.a.).

- für ausgeglichene „Machtverhältnisse" sorgt (1 Elternteil : 1 Fachkraft; 2 Elternteile : 2 Fachkräfte) und darauf achtet, dass beide Seiten einander nicht frontal gegenüber sitzen.

- nach der Begrüßung gleich zum jeweiligen Anliegen kommt und dieses sachlich beschreibt.

- dem Gesprächspartner immer wieder genügend Zeit gibt, seine Sicht des Konflikts darzulegen, und dabei aktiv zuhört. Eventuell braucht dieser auch zunächst die Gelegenheit, „Dampf abzulassen". Dann sollte die Erzieherin Ruhe bewahren, indem sie sich z.B. auf das Mitschreiben konzentriert – was dem Gegenüber auch den Eindruck vermittelt, seine Argumente würden ernst genommen. Die Fachkraft kann das Gesagte in eigenen Worten zusammenfassen und fragen, ob sie alles richtig verstanden hat.

- bei Kritik versucht, ohne Abwehr, Gegenangriff oder Blockadehaltung zu reagieren – selbst wenn die Vorwürfe als falsch, ungerecht oder verletzend erlebt werden. Es ist sinnvoll, das „innere Drehbuch" umzuschreiben, also nicht länger im kritischen Gesprächspartner einen Gegner zu sehen. Konflikte gehören zu den Grundproblemen des menschlichen Daseins und sind unvermeidbar, da alle Menschen unterschiedliche Bedürfnisse, Sichtweisen, emotionale Reaktionen, Lebensgeschichten usw. haben.

- immer wieder die Empfindungen, Gefühle und Stimmungen des Gesprächspartners anspricht, die oft hinter scheinbar sachlichen Aussagen verborgen liegen (z.B. die Angst, dass das eigene Kind beim Übergang in die Grundschule scheitern könne, auf eine Förderschule müsse etc.). Dann fühlt sich dieser verstanden und angenommen, ist eher einsichtig und kompromissbereit. Die eigentlichen (verborgenen) Anliegen und Befürchtungen kommen auf den Tisch.

- die eigenen Gefühle beobachtet und die Emotionen des Gegenübers anhand seiner nonverbalen Kommunikation erschließt, sodass ein „Aufschaukeln" von Emotionen verhindert werden kann.

- immer wieder betont, dass sie das jeweilige Kind mag und schätzt, die Erziehungsbemühungen der Eltern anerkennt und darauf aufzubauen versucht („Sie wollen doch auch das Beste für Ihr Kind!").

- erst auf den „Kern" des Anliegens zu sprechen kommt, wenn der Gesprächspartner seine Gefühle „abreagiert" hat.

- sich nicht von der eigenen Position abbringen lässt, dass das jeweilige Kind verhaltensauffällig ist oder andere Probleme hat, wenn dies durch eigene Beobachtungen und „Kontrollbeobachtungen" von Kolleginnen bzw. Fachleuten eindeutig belegt werden kann. Manche Eltern verdrängen oder negieren Probleme; sie können ihre Ambivalenz nur bewältigen, wenn sich ihr Gegenüber sicher in seinen Aussagen zeigt.

- mehr positive als negative Aussagen über das Kind macht und prinzipiell von der erzieherischen Kompetenz der Eltern ausgeht.

- auch einmal mit Humor reagiert.

- bei hitzigen Gesprächsphasen eine Pause macht, z.B. Kaffee kocht oder Wasser holt.

Prinzipiell sollte bei Konflikten nach einer „*Gewinner-Gewinner-Lösung*" gesucht werden. In der Regel sind Kompromisse möglich...
Auch bei Konfliktgesprächen sollte die Erzieherin das Ergebnis zusammenfassen und die Eltern fragen, wie sie sich damit fühlen. Bei einer sichtbaren Entspannung der Situation kann sie ihre Zufriedenheit äußern. Konnte keine Lösung gefunden werden, kann ein weiterer Termin vereinbart oder die *Einschaltung eines „Vermittlers"* vorgeschlagen werden (z.B. der Kindergartenleitung oder einer „neutralen" Person wie der Fachberatung oder der/des Elternbeiratsvorsitzenden). Mit einer Äußerung des Bedauerns können dann die Eltern verabschiedet werden.

Fühlt sich die Erzieherin nach konfliktgeladenen Gesprächen emotional verletzt und persönlich getroffen, zweifelt sie dann an ihrer Professionalität und Kompetenz, dann sollte sie das Gespräch mit ihren Kolleg/innen suchen, eventuell auch mit der Fachberatung, einer Psychologin oder einem Supervisor. Dasselbe gilt für den Fall, dass sie Schuldgefühle hat, weil sie z.B. dem jeweiligen Kind nicht helfen konnte. Sie benötigt oft auch Hilfe, um akzeptieren zu können, dass sich manche Eltern verschließen und jede Unterstützung für sich und ihr Kind ablehnen – das ist deren Recht als Erziehungsberechtigte.

Kommt es sehr häufig zu Konfliktgesprächen mit Eltern, sollte die Erzieherin zusammen mit dem Team, einem Erziehungsberater oder einer Supervisorin nach den Ursachen suchen. Handelt es sich immer um dieselben ein, zwei Eltern, kann auch überlegt werden, ob diese vielleicht mit einer anderen Fachkraft besser zurechtkämen (Gruppenwechsel) oder ihr Kind in einer anderen Kindertageseinrichtung anmelden sollten.

Beschwerdemanagement

Beschwerden von Eltern beruhen oft auf fehlenden oder unzureichenden Informationen über den Kindergartenalltag, sind somit ein *Zeichen für mangelnde Transparenz* der pädagogischen Arbeit. Dann müssen den Eltern mehr Einblicke ermöglicht werden. Auch wenn Eltern immer wieder mit neuen (unerfüllbaren) Wünschen und Vorschlägen kommen, wissen sie in der Regel nicht, was in einer Kindertageseinrichtung möglich ist und wie sich dort die Bildung und Erziehung von Kindern vollziehen. Hier bietet es sich an, sie in Aktionen und Projekte einzubinden oder sie beim Fehlen einer Mitarbeiterin um Mithilfe in der Kindergruppe zu bitten. Dann merken sie schnell, *welche ihrer Vorschläge (un-) durchführbar sind und was Erzieher/innen in Wirklichkeit leisten.*

Bei vollerwerbstätigen Eltern schlägt Blucha (2004) vor: „Die Mitarbeit im Kindergarten ist natürlich für berufstätige Mütter und Väter sehr oft schwierig. Ihnen fehlt ja meistens schon die Zeit, sich zu Hause mit ihren Kindern zu beschäftigen. Dagegen ist die Erwartungshaltung an die Tagesstätte sehr hoch und manchmal schlicht überzogen. Hier ist ein Video über das normale Miteinander in der Einrichtung, die Angebote und Feiern, Freispielphasen und Erfahrungsmöglichkeiten ein lohnenswerter Versuch, den Eltern das Leben ihrer Kinder im Kindergarten nahe zu bringen" (S. 72). Stellt sich heraus, dass die Eltern letztlich die Konzeption und die pädagogische Arbeitsweise der Kindertagesstätte ablehnen, sind sie an andere Einrichtungen zu verweisen.

Aus der Sicht der Eltern sind Beschwerden immer berechtigt. Die Erzieherin kann sie als „Rückmeldung" verstehen – *als etwas Wünschenswertes, das zur Reflexion und Verbesserung der eigenen Arbeit beiträgt.* Dann wird sie die Beschwerden ernst nehmen und emotional gelassener reagieren.

Die Erzieherin hört sich das Anliegen der Eltern an, fragt nach und sagt die Prüfung des Sachverhalts zu. Sollte die Beschwerde berechtigt sein, entschuldigt sie sich. In solchen Fällen empfiehlt es sich oft, die Beschwerde im Team zu besprechen, insbesondere wenn als Konsequenz daraus Veränderungen in der Konzeption oder in der pädagogischen Arbeitsweise der Kindertageseinrichtung notwendig erscheinen. Falls die Eltern sehr erregt oder wütend sind, wählt die Erzieherin die für Konfliktgespräche sinnvolle Vorgehensweise (s.o.).

Empfehlenswert ist, wenn der Kindergarten ein *Beschwerdemanagement* einführt. Dann wird eine Beschwerdeliste angelegt und bei den Teamsitzungen besprochen. Es wird geklärt, inwieweit die jeweilige Beschwerde berechtigt ist, wo ein Veränderungsbedarf besteht, was zu unternehmen ist und wer für die Umsetzung von Beschlüssen verantwortlich ist. „Jede Beschwerde wird bearbeitet, kurzfristig beantwortet, und die Eltern werden über eventuelle Veränderungsschritte zufrieden stellend informiert" (Parnass 2003, S. 42). Die Eltern erleben somit, dass sie angehört und ihre Vorschläge diskutiert werden.

„Führt man ein Beschwerdemanagement ein, kommt man übrigens häufig zu der erstaunlichen Erkenntnis, dass es viel weniger Beschwerden gibt, als es den Anschein hat. Außerdem lässt sich erkennen, ob Beschwerden wieder auftauchen und wer sie äußert" (a.a.O.). Handelt es sich hier immer um dieselben Eltern, ist ein Klärungsgespräch sinnvoll. Dieses könnte mit der Frage „Was gefällt Ihnen an unserer Kindertageseinrichtung?" beginnen. Im weiteren Verlauf des Gespräches könnte den Eltern deutlich gemacht werden, dass nie alle „Kunden" zufrieden gestellt werden können und wo die Grenzen der Fachkräfte liegen (Rahmenbedingungen, Konzeption usw.).

Schon bei den ersten Kontakten sollten neue Eltern auf das Beschwerdemanagement hingewiesen werden. Allen Eltern sollte bewusst sein, dass sie jederzeit Kritik äußern oder Veränderungswünsche vortragen können – in Tür- und Angel- sowie Termingesprächen, schriftlich bzw. anonym („Beschwerdebriefkasten") oder im Elternbeirat bzw. via Elternvertretung. Eine schriftliche Befragung kann einmal pro Jahr der „repräsentativen" Erfassung der Meinungen aller Eltern über den Kindergarten dienen. Die in der Regel sehr positive Rückmeldung kann so manche Beschwerde relativieren...

2.4 Hospitation und Mitarbeit von Eltern

In vielen Kindergärten können Eltern in der Gruppe ihres Kindes hospitieren. Zumeist müssen sie sich anmelden, damit nicht mehrere Eltern am gleichen Tag kommen. Bei einer *nicht teilnehmenden Hospitation*, bei der Eltern still in einer Ecke des Gruppenraums sitzen, sind ihre Wahrnehmungen auf das eigene Kind und sein Verhalten fokussiert. Manchmal bekommen sie auch einen Beobachtungsauftrag (z.b. wenn einige Zeit später ein Termingespräch folgen soll). In einigen Kindergärten werden die Eltern angehalten, während dieser Zeit eine Lerngeschichte über ihr Kind zu schreiben, die dann Teil seines Portfolios wird. Voraussetzung ist natürlich, dass sie zuvor bei einem Elternabend genau über diese Beobachtungs- und Dokumentationsmethode unterrichtet wurden.

In der Regel sind Eltern während der Hospitation aber „*teilnehmende Beobachter*", d.h. sie spielen mit Kindern oder werden von den Erzieher/innen in Aktivitäten wie Singen, Malen und Basteln einbezogen. So erleben sie den Tagesablauf in der Gruppe mit, was zu realistische(re)n Vorstellungen von der pädagogischen Arbeit führt.

Die (häufige) Anwesenheit von Eltern in der Kindergruppe *verändert die Erzieherin-Eltern-Beziehung*: Beide Seiten erleben einander im Umgang mit Kleinkindern, lernen einander immer besser kennen und erkennen die erzieherische Kompetenz des Partners. Sie entwickeln Vertrauen und Wertschätzung füreinander; offene, freundschaftliche Gespräche werden möglich. Aber auch die Erziehungsfehler der Eltern und Fachkräfte werden sichtbar. Dadurch werden Mythen von der „guten Mutter" oder der „perfekten Erzieherin" hinfällig: Beide Seiten nehmen einander als Menschen mit individuellen Stärken und Schwächen wahr.

Während der Hospitation machen Eltern viele Lernerfahrungen: Durch die Beobachtung des Umgangs der Erzieher/innen mit Kindern – also an deren Vorbild – erkennen sie beispielsweise, wie man mit Kindern altersgemäß kommuniziert, wie man Spiel- und Bastelmaterialien sinnvoll verwendet, wie man Regeln setzt und deren

Einhaltung überwacht und wie man mit Aggressivität, Hyperaktivität oder anderen Verhaltensproblemen umgeht. Die Eltern lernen neue Spiele und gute Kinderbücher kennen, erhalten Tipps für entwicklungsfördernde Aktivitäten mit Kleinkindern und erkennen die hinter Festen und Feiern stehenden Traditionen und Werte, die in ihren Familien oftmals in Vergessenheit geraten sind. Auch übernehmen sie neue Erziehungsmethoden und -techniken. Somit werden viele Lernerfahrungen von den Eltern auf das Familienleben und die Familienerziehung übertragen – durch die Hospitation erfolgt also eine *indirekte Elternbildung*.

Manchmal wird das Angebot der Hospitation von den Eltern so begeistert angenommen, dass nahezu jede Woche Eltern in den Kindergarten kommen. Selbst berufstätige Mütter und Väter nehmen sich einen (halben) Tag frei, um am Leben ihres Kindes in der Tagesstätte teilzuhaben. Vor allem bei Kindergärten in Trägerschaft eines Elternvereins oder einer Elterninitiative sind Eltern relativ häufig in den Kindergruppen.

Hier ergeben sich ganz neue pädagogische Möglichkeiten für die Erzieher/innen: Sie können Eltern *gezielt* in ihrer Gruppe einsetzen. So können Eltern Geschichten und Märchen erzählen, mit Kindern ein Bilderbuch betrachten, mit ihnen ein Puzzle oder ein anderes Brettspiel machen, eine Kleingruppe – z.B. im Nebenraum – beaufsichtigen, an einem Rollenspiel mitwirken und dieses durch Vorschläge bereichern, der Fachkraft bei einem naturwissenschaftlichen Experiment assistieren, mit einigen Kindern Sport machen (z.B. Ballspiele) oder einen Kuchen backen – aber ihnen auch beim Umziehen, Toilettengang, Tischdecken, Abräumen usw. helfen. Ferner können sie die Gruppe bei Spaziergängen und Exkursionen begleiten.

Auch die *Projektarbeit* bietet viele Möglichkeiten, Eltern gezielt einzusetzen (vgl. Textor 2020b). Beispielsweise können bei einem Projekt „Berufe" Eltern an ihrem Arbeitsplatz besucht werden oder diese ihr „Handwerkszeug" im Kindergarten vorstellen. Im Rahmen eines Projekts „Ferne Länder" können Eltern mit Migrationshintergrund über ihr Herkunftsland berichten, Fotos zeigen und den Kindern einige Worte in ihrer Erstsprache beibringen. Bei einem Projekt „Erkundung unserer Gemeinde" können kunsthistorisch interessierte Eltern eine fachkundige Führung durch Kirchen, Schlösser oder Museen veranstalten, kann ein als Stadtrat gewählter Vater das Rathaus vorstellen oder eine als Journalistin tätige Mutter mit den Kindern Verkehrsprobleme erörtern. Im Rahmen eines Musikprojekts können Eltern den Kindern von ihnen beherrschte Musikinstrumente erklären und auf ihnen vorspielen. Schon diese wenigen Beispiele verdeutlichen die Unmenge der sich in Projekten ergebenden Möglichkeiten einer Eltern*mit*arbeit.

Haben Erzieher/innen in Erfahrung gebracht, dass einzelne Eltern über besondere Fähigkeiten verfügen (z.b. künstlerische oder musikalische Begabung, handwerkliches Geschick, Fremdsprachenkompetenz usw.), kann dies für eine *Ergänzung des Bildungsangebots* des Kindergartens genutzt werden. So können die Fachkräfte geeignete Eltern bitten, beispielsweise mit (einer kleinen Gruppe von) Kindern ein Kunstprojekt durchzuführen, ein Musikstück mit Orff-Instrumenten einzuüben, ein Schatten- bzw. Puppenspiel einzustudieren oder im Werkraum einen Gegenstand aus Holz herzustellen. In Einzelfällen kann sich daraus sogar ein längerfristiges Engagement einzelner Eltern ergeben: Eine türkische, britische oder italienische Mutter gibt einen Sprachkurs für interessierte Kinder, ein in einem Schwimmverein aktiver Vater bietet einen Schwimmkurs an, eine Töpferin kommt mehrmals hintereinander in die Gruppe zum Tonen, und eine als Yogalehrerin tätige Mutter macht regelmäßig Yogaübungen mit den älteren Kindern.

Durch die Mitarbeit von Eltern werden die Erzieher/innen entlastet. So gewinnen sie Freiräume, die sie z.B. für die Beobachtung einzelner Kinder, die Vorbereitung von bildenden Aktivitäten oder Elterngespräche nutzen können. Auch wird die Arbeit in offenen Gruppen erleichtert, da mehr Aufsichtspersonen zur Verfügung stehen und mehr Angebote gemacht werden können.

Die Kinder profitieren in ihrer Entwicklung von der häufigen Anwesenheit von Eltern, weil sie neben den Erzieher/innen andere Erwachsene als Spiel- und Gesprächspartner, als Vorbild und Rollenmodell haben. Sie erfahren mehr Stimulation, Anleitung und Förderung. Durch die intensivere Interaktion mit Erwachsenen wird ihre sprachliche und kognitive Entwicklung beschleunigt. Ferner erwerben sie soziale Kompetenzen durch den Umgang mit zuvor oft unbekannten Erwachsenen.

Das Angebot an Eltern, in der Kindertageseinrichtung zu hospitieren bzw. mitzuarbeiten, reicht alleine aber nicht aus: Es müssen hierzu auch die *Voraussetzungen* geschaffen werden:

- Schon bei den ersten Kontakten und beim ersten Elternabend werden neue Eltern auf die Möglichkeit der Hospitation und der Beteiligung an pädagogischen Angeboten hingewiesen. Um frühzeitig besondere Einsatzmöglichkeiten zu entdecken, werden sie beim Aufnahmegespräch nicht nur nach ihrem Beruf, sondern auch nach Hobbys, individuellen Interessen und besonderen Talenten gefragt.

- Da Hospitation und Eltern*mit*arbeit ganz unterschiedlich gestaltet werden können, hat das Kindergartenteam ein Konzept und bestimmte Regeln erarbeitet (auch hinsichtlich des Datenschutzes), die allen Eltern bekannt sein sollten.

- Durch das frühzeitige Aushängen von Monats- oder Wochenplänen werden Eltern informiert, was an Projekten und Aktivitäten geplant ist oder wo ihre Mithilfe benötigt wird. Dann können sie mittelfristig planen, sich also z.B. einen halben Tag frei nehmen.

- Hospitieren Eltern ohne Voranmeldung, wird mit ihnen kurz die Tagesplanung durchgegangen und geklärt, an welchen Aktivitäten sie mitwirken können.

- Kommen Eltern in die Gruppe, werden sie freundlich begrüßt und den Kindern vorgestellt.

- Ist die Aktivität beendet, dankt die Erzieherin den Eltern herzlich und verabschiedet sie mit der Gruppe.

- Es muss Zeit für Gespräche mit hospitierenden Eltern vorgesehen sein (z.b. zur Vorbesprechung von Aktivitäten der Eltern mit Kleingruppen, zum Austausch von Beobachtungen oder für Rückfragen). Das gemeinsame Erleben der Kinder in der Kindertageseinrichtung führt oft auch zu einem Gespräch über die kindliche Entwicklung und Erziehung, die Erzieherin-Kind- und die Mutter-Kind-Beziehung.

- Es ist darauf zu achten, dass bestimmte Gruppen von Eltern nicht „außen vor bleiben". Auch Väter, Alleinerziehende, Eltern mit Migrationshintergrund usw. können eingebunden werden. Notfalls muss z.b. bei Eltern mit unzureichenden Deutschkenntnissen eine Person aus demselben Sprachraum als Dolmetscher/in gewonnen werden.

- Mancherorts müssen räumliche Veränderungen wie die Einrichtung einer Krabbelecke oder das Aufstellen eines Wickeltisches vorgenommen werden, damit auch Mütter mit Säuglingen oder Krabbelkindern in den Kindergarten kommen können.

- Eltern, die häufiger in der Kindertageseinrichtung mithelfen wollen, können in einer speziellen Veranstaltung über die an sie gerichteten Erwartungen, die Gruppenregeln und rechtliche Bestimmungen (z.B. Aufsichtspflicht, Datenschutz) informiert werden. Außerdem ist es sinnvoll, mit ihnen von Zeit zu Zeit über die gesammelten Erfahrungen zu sprechen, ihnen Feedback zu geben und sie zu ermutigen, weiter mitzuarbeiten.

- Die Fachkräfte danken Eltern, die sich häufig engagieren, auch öffentlich (z.B. bei einem Elternabend, in der Kindergartenzeitschrift).

- Die Elternmitarbeit wird nicht nur im Team geplant, sondern dort auch evaluiert.

Eine Mitwirkung von Eltern ist auch in anderen Bereichen als der pädagogischen Arbeit möglich: Viele Erzieher/innen haben gute

Erfahrungen mit der tatkräftigen Hilfe von Eltern bei *Festen* und Feiern, bei der *Umgestaltung des Außengeländes* des Kindergartens (z.B. Anlegen von Taststraßen, Kräuterschnecken, Hügeln, Weidenhäusern usw.), dem *Renovieren* von Räumen und dem Vergrößern der Spielfläche durch Holzeinbauten gemacht. Auch für Verschönerungsaktionen wie z.b. die Gestaltung eines Mosaiks im Eingangsbereich der Kindertageseinrichtung oder für *Reparaturarbeiten* (bei kaputten Spielsachen/-geräten) sind Eltern leicht zu gewinnen. Mancherorts stellen sie Kinderpuppen her, nehmen Kassetten mit Kinderliedern und -geschichten auf, schneidern Kleidungsstücke für die Verkleidungskiste oder basteln Requisiten für die Rollenspielecke. Gelegentlich übernehmen Eltern sogar *Verwaltungsaufgaben* (z.b. Buchhaltung), die Erstellung und Pflege der Homepage der Kindertagesstätte oder die Redaktion und das Layout der Kindergartenzeitung.

Exkurs: Mitarbeit von Großeltern und anderen Senior/innen

Da in den letzten Jahrzehnten die Mobilität in unserer Gesellschaft stark zugenommen hat, leben viele junge Familien weit entfernt von ihren Herkunftsfamilien. Insbesondere wenn die Großeltern noch erwerbstätig sind, haben manche Kinder nur wenig Kontakt zu ihnen – und zu Senior/innen im Allgemeinen. Damit entgehen ihnen wichtige Lernerfahrungen. Deshalb versuchen einige Kindergärten bewusst, Großeltern und andere Senior/innen für die Hospitation und Mitarbeit in den Gruppen zu gewinnen. Schon von einigen wenigen Besuchen im Jahresverlauf profitieren Kleinkinder: Viele Senior/innen erzählen gerne von früher und eröffnen ihnen somit den Zugang zu einer anderen Welt (und eventuell zu einer anderen Kultur!). Sie berichten, wie ihre eigenen Eltern und sie selbst als Kinder gelebt haben, erläutern wichtige historische Ereignisse und lehren den Kindergartenkindern alte Spiele, Lieder und Gedichte.

Die Kinder erleben, dass sich Senior/innen viel Zeit für sie nehmen und gut zuhören können, sodass längere Gespräche möglich werden, die ansonsten nur selten im Kindergartenalltag zustande kommen. Auch lässt es sich mit älteren Menschen gut philosophieren. Zudem springen sie nicht fortwährend auf und rennen irgendwo hin, sodass es sich mit ihnen gemütlich kuscheln lässt.

Die Kinder beobachten, dass nicht nur sie, sondern auch viele Senior/innen mit jüngeren Erwachsenen nicht mithalten können, was ihr Selbstwertgefühl stärkt. Sie entwickeln eine Konzeption vom Lebenszyklus, von der Generationenfolge und vom Alter(n), die viele Stereotype und Vorurteile erst gar nicht entstehen lässt. Noch wichtiger ist, dass sie von den älteren Menschen, die sich ja eher als Gäste denn als Erziehende sehen, uneingeschränkt akzeptiert fühlen. So haben häufige Hospitationen von Großeltern und anderen Senior/innen positive Auswirkungen auf die kognitive, soziale und emotionale Entwicklung von Kleinkindern.

Viele Rentner/innen können auch für eine längerfristige Mitarbeit im Kindergarten gewonnen werden. Manche lesen gerne einer Kleingruppe vor und sprechen dann mit den Kindern über den jeweiligen Text – ein wichtiger Beitrag zur Literacy-Erziehung und Sprachförderung (insbesondere von Kindern mit Migrationshintergrund). Andere Großeltern bzw. Senior/innen übernehmen die Verantwortung für Gartenbeete und bauen mit interessierten Kindern Gemüse, Salate und Schnittblumen an. Wieder andere konzentrieren sich auf Werkvorhaben, Kochen und Backen mit Kindern, Textilarbeiten oder künstlerische Projekte. So bereichern sie das Bildungsangebot des Kindergartens.

Auch wenn Senior/innen für eine längerfristige Mitarbeit in der Regel nicht honoriert werden können, so profitieren sie doch von ihrem Engagement: Sie fühlen sich nicht mehr einsam und isoliert, empfinden einen neuen Sinn in ihrem Leben und genießen die Zuneigung und Freude der Kinder. Und wenn sie dann auch noch von Eltern um Rat gefragt werden...

2.5 Partizipation von Eltern

Laut Artikel 6 Abs. 2 des Grundgesetzes sind Pflege und Erziehung „das natürliche Recht der Eltern und die zuvörderst ihnen obliegende Pflicht". Dieser verfassungsrechtlich garantierte Erziehungsvorrang der Eltern wird in § 1 Abs. 2 SGB VIII wiederholt. Kindergärten haben als Jugendhilfeeinrichtungen dementsprechend nur ein nachrangiges, abgeleitetes bzw. übertragenes Erziehungsrecht. Sie haben im Gegensatz zur Schule keinen eigenständigen Bildungsauftrag. Das Bildungs- und Erziehungsrecht muss Erzieher/innen somit erst von den Eltern im Betreuungsvertrag zugestanden werden.

Aus dieser Rechtslage – und aus der Tatsache, dass Eltern bei Kindertageseinrichtungen im Gegensatz zur Schule einen Teil der Kosten tragen müssen – resultiert eine andere Machtposition der Eltern. Dementsprechend heißt es im Kinder- und Jugendhilfegesetz: „Die Träger der öffentlichen Jugendhilfe sollen sicherstellen, dass die Fachkräfte in ihren Einrichtungen zusammenarbeiten ... mit den Erziehungsberechtigten und Tagespflegepersonen zum Wohl der Kinder und zur Sicherung der Kontinuität des Erziehungsprozesses, ... Die Erziehungsberechtigten sind an den Entscheidungen in wesentlichen Angelegenheiten der Erziehung, Bildung und Betreuung zu beteiligen." (§ 22a Abs. 2 SGB VIII).

Aus diesen Aussagen lassen sich vor dem Hintergrund der Erziehungs- und Bildungspartnerschaft und der gerade skizzierten Elternmitarbeit drei Formen der Partizipation folgern:

1. *Mitbestimmung bei der Betreuung, Bildung und Erziehung des eigenen Kindes*: Eltern haben nicht nur das Recht zu erfahren, wie ihr Kind im Kindergarten erzogen, gebildet und betreut wird, sondern auch das Recht, die für ihr Kind geltenden *individuellen* Ziele und Maßnahmen mitzubestimmen. So können sie gegenüber den Erzieher/innen ihre Wünsche und Erwartungen äußern – z.B. dass ihr Kind vor allem im musischen Bereich gefördert werden soll. Werden Entwicklungsverzö-

gerungen, Verhaltensauffälligkeiten, (drohende) Behinderungen usw. festgestellt, sollten sie mitbestimmen, wie damit in der Einrichtung umgegangen wird, ob besondere heilpädagogische oder therapeutische Maßnahmen notwendig sind und – falls ja – wo und wie diese durchgeführt werden. Die Wünsche und Vorstellungen der Eltern können jedoch nur in dem Maße berücksichtigt werden, in dem sie dem Wohl des betroffenen Kindes entsprechen. Ferner sollten sie mit der Konzeption des jeweiligen Kindergartens im Einklang stehen, von den Erzieher/innen pädagogisch vertreten werden können und unter den gegebenen Rahmenbedingungen umzusetzen sein.

2. *Mitbestimmung bei der Betreuung, Bildung und Erziehung aller Kinder:* Alle interessierten Eltern sollten die Möglichkeit haben, ihre Vorstellungen bei der Entwicklung und Fortschreibung der Kindergartenkonzeption einzubringen – zumindest über den Elternbeirat. Dabei müssen sie selbstverständlich die im jeweiligen Land geltenden rechtlichen Bestimmungen und Bildungspläne berücksichtigen. Da die Eltern – auch untereinander – und die Erzieher/innen manchmal unterschiedliche Vorstellungen haben, sind gelegentlich langwierige „Verhandlungen" notwendig, bis Kompromisse hinsichtlich einzelner Ziele erreicht werden. Die Fachkräfte sind aber weiterhin für die pädagogische Qualität und Umsetzbarkeit der jeweiligen Konzeption verantwortlich; der Träger des Kindergartens hat die letzte Entscheidung.

Ferner sollten interessierte Eltern die Möglichkeit haben, bei dem Erstellen von Rahmen- und Wochenplänen, bei der Planung von Projekten und bei der Organisation von Veranstaltungen mitzubestimmen – insbesondere wenn sie hier auch mitarbeiten wollen oder sollen (vgl. Kapitel 2.4). Ferner können sie relevante pädagogische Maßnahmen und Bildungsangebote vorschlagen.

3. *Mitwirkung in der verfassten Elternschaft:* Im Kindergarten- oder Elternbeirat nehmen von der Gesamtelternschaft gewählte

Eltern die in den Gesetzen und Verordnungen des jeweiligen Bundeslandes genannten Mitbestimmungsrechte wahr (s.u.).

Prinzipiell sollten Wünsche und Vorschläge der Eltern *positiv gesehen* werden: Sie sind als ein Zeichen des Bemühens zu verstehen, dem Kind bzw. den Kindern die bestmögliche Erziehung und Bildung zu sichern. Diesem Bestreben der Eltern entspricht spiegelbildlich der Auftrag des Kindergartens, wie er in der pädagogischen Praxis verstanden wird. Überhaupt liegen die Erziehungs- und Bildungsziele von Eltern und Erzieher/innen in der Regel sehr nahe beieinander, sodass bei einer offenen Diskussion auf der Grundlage einer auf Gleichberechtigung angelegten Partnerschaft schnell *tragfähige Kompromisse* erreicht werden können.

Die Elternvertretung

Der Elternbeirat spielt aufgrund der zunehmenden Bedeutung der Kooperation mit Eltern eine immer wichtigere Rolle. Wenn Eltern als Erziehungs- und Bildungspartner gesehen werden, so ist es nur eine Selbstverständlichkeit, dass ihnen auch Mitbestimmungsrechte über ein entsprechendes Gremium eingeräumt werden. Elternbeiräte können aus dieser Perspektive heraus nicht mehr nur als „Handlanger und Helfer" bei Sommerfesten und Basaren gesehen werden.

Die Furcht vieler Fachkräfte, dass bei einer verstärkten Mitbestimmung durch Elterngremien Entscheidungen von Interessen einzelner Eltern oder vom Zeitgeist bestimmt würden, ist unbegründet, wenn auf der Grundlage gesetzlicher Bestimmungen die Ziele, Inhalte und Formen der Kooperation zwischen Elternbeirat und Kindergarten genau festgelegt werden. Bereits hier ist die Mitarbeit von Elternvertreter/innen unerlässlich. Die Regelungen sollten in der Kindergartenkonzeption oder in einem Handbuch allen Eltern zugänglich sein. Alle Entscheidungsträger haben sie zu berücksichtigen.

Laut Dunkl (1998) können folgende *Funktionen von Elternbeiräten* unterschieden werden:

- „Elternbeiräte haben ein offenes Ohr für die Probleme der Eltern und loten die verschiedenen Elterninteressen aus,

- sind Sprachrohr für die Elternschaft,

- vermitteln zwischen Eltern und Leitung der Kindertageseinrichtung,

- haben keine Angst davor, auch einmal für Träger und Erziehungspersonal unbequeme Positionen zu vertreten,

- beteiligen sich an der Weiterentwicklung der pädagogischen Konzeption,

- vertreten Eltern und Einrichtung in der Öffentlichkeit (z.B. gegenüber der politischen Gemeinde, der Pfarrgemeinde, dem Jugendhilfeausschuss),

- organisieren in alleiniger Verantwortung oder in Kooperation mit der Einrichtung Angebote für Eltern,

- unterbreiten Verbesserungsvorschläge,

- stellen Kontakte mit Elternbeiräten in anderen Kindertageseinrichtungen und in den Schulen her,

- fördern das Gemeinschaftsgefühl,

- tragen zur Profilierung der Kindertageseinrichtungen bei" (S. 19).

Der Elternbeirat kann an der Festlegung der Öffnungszeiten des Kindergartens, an der Klärung finanzieller Fragen (Haushalt, Elternbeiträge usw.) und an Maßnahmen zur Veränderung der räumlichen Gestaltung und der sachlichen Ausstattung beteiligt werden. Er gibt den Erzieher/innen Feedback hinsichtlich der Bedürfnisse und Zufriedenheit der Eltern und stellt sich schützend vor sie, falls einzelne Eltern unerfüllbare Wünsche oder unberechtigte Kritik

74

äußern. Schließlich kann der Elternbeirat einen *Förderverein* gründen und damit dem Kindergarten eine neue Finanzierungsquelle erschließen (vgl. Textor 2015).

Die Wahl des Elternbeirats sollte möglichst mit einem anderen Angebot für Eltern verbunden werden, um eine hohe Anwesenheitsquote sicherzustellen. Neu gewählte Elternvertreter/innen sind durch die Kindergartenleitung, den Träger und bisherige Gremienmitglieder in die rechtlichen Bestimmungen, die konzeptionellen Grundlagen und wichtige organisatorische Regelungen einzuführen, damit sie ihr Amt verantwortungsbewusst ausfüllen können. Sie haben ihrerseits die Aufgabe, sich mit den konzeptionellen Aussagen und den Belangen des Kindergartens auseinander zu setzen und diese auch nach außen zu vertreten. Insbesondere in größeren Einrichtungen sollte sich jede/r Elternvertreter/in mit Foto und einem kurzen Text auf dem „Schwarzen Brett" – oder noch besser auf der Homepage des Kindergartens – vorstellen, sodass sich alle Eltern informieren können, wer ihre Ansprechpartner/innen sind.

Der Dialog mit den Elternvertreter/innen muss auf differenzierte Aushandlungs- und Entscheidungsprozesse hin ausgerichtet werden und darf sich nicht auf Information und Anhörung beschränken. Die *Einbindung in Entscheidungen* erhöht auch die Identifikation mit der Einrichtung. Die Eltern sehen sich dann als verantwortlicher Teil des Ganzen und nicht in erster Linie als „Konsument/innen" eines bestimmten Angebotes.

So sollte schon kurz nach der Wahl eine Sitzung stattfinden, in der die Formen der Zusammenarbeit besprochen werden und eine tragfähige Kooperationsstruktur zwischen Beirat, Erzieher/innen und Träger festgelegt wird (siehe Hense 2001, S. 74-96).

Selbstverständlich wird es auch in der Beziehung zwischen Elternbeirat und Kindergarten gelegentlich *Konflikte* geben. Sie können zumeist im Gespräch geklärt werden. Dabei ist aber zu überprüfen, ob tiefer liegende Probleme die Zusammenarbeit zwischen Elternvertreter/innen und Erzieher/innen erschweren. Beispielsweise sind manchmal wechselseitige Erwartungen ungeklärt oder widersprüchlich, wird die vereinbarte Kooperationsstruktur vernachlässigt, wurde immer wieder Konflikten ausgewichen, erleben sich Elternbeiräte als über- bzw. unterfordert oder sind Erzieher/innen hinsichtlich ihrer pädagogischen Arbeit zu wenig gesprächsbereit, da sie nur sich selbst als kompetent sehen. Alle diese „Stolpersteine" lassen sich aber bei etwas gutem Willen ausräumen.

Generell ist es sinnvoll zu regeln, *in welchen Bereichen der Elternbeirat Verantwortung übernehmen kann.* Beispielsweise kann das Gremium einige Teile der Konzeption (z.B. zum Übergang von der Familie in die Kindertageseinrichtung) eigenverantwortlich entwerfen und dann mit den Erzieher/innen abstimmen. Elterncafé und Kennenlernangebote können „von Eltern für Eltern" ausgerichtet werden. Bei einem Einführungselternabend kann der Kindergarten auch aus der Sicht eines Elternvertreters vorgestellt werden, oder der Elternbeirat kann einen Elternstammtisch gründen. Dies sind nur einige Beispiele...

Bei solchen Gestaltungsmöglichkeiten werden viele Eltern bereit sein, sich im Elterngremium zu engagieren. Hense (2001) ergänzt: „Nach eigenen Aussagen von aktiven Elternvertreterinnen und -vertretern sind sie dann bereit, Zeit zu investieren,

- wenn sie von den Eltern unterstützt werden.

- wenn sie merken, dass sie von Erzieher/innen und Eltern Beachtung finden.

- wenn die Eltern und Erzieher/innen auch hinter der Arbeit der Vertretung stehen.

- wenn auch sie selbst von der Arbeit Nutzen haben.

- wenn sie durch ihre Arbeit an Veränderungen mitwirken können.

- wenn Erfolge erzielt werden können, auch wenn sie klein sind.

- wenn sie Erfolge sehen und erfahren, dass ihre Arbeit den Kindern und dem gesamten Kindergarten etwas bringt.

- wenn sie merken, dass ihre Anregungen und Ideen vom Kindergartenteam aufgenommen werden.
- wenn die Arbeit, die geleistet wird, auch anerkannt wird" (S. 43).

Durch eine wirkliche Beteiligung an Entscheidungen und das Übertragen von Verantwortung sind Eltern eher bereit, sich für den Elternbeirat aufstellen zu lassen und sich in der Einrichtung zu engagieren. Sie werden dann für die Erzieher/innen zu *Bündnispartner/innen* und *Wegbegleiter/innen*.

2.6 Elternabende und Gesprächskreise

Elternabende lassen sich auf ganz unterschiedliche Weise gestalten. So werden in diesem Kapitel nur einige Beispiele genannt.

Der Vortragsabend mit Diskussion

Erzieher/innen haben in ihrer Ausbildung gelernt, Vorträge für Elternabende und Grundlinien für die anschließende Diskussion auszuarbeiten. Treten sie selbst als Referent/innen auf, so präsentieren sie sich als professionelle Pädagog/innen und verdeutlichen den Eltern ihre Fachkompetenz. Voraussetzung für einen erfolgreichen Vortragsabend ist, dass sie über das für das jeweilige Thema notwendige Fachwissen sowie über Gesprächsführungs- und Moderationstechniken verfügen.

Häufig werden zu Vortragsabenden externe Referent/innen eingeladen – je nach Thema z.B. Erziehungsberater/innen, Ärzte oder Lehrer/innen. Dies ist vor allem dann sinnvoll, wenn besonderes Fachwissen gefragt ist. Aber auch wenn es im Kindergarten eine kontrovers verlaufende Diskussion gibt, kann ein außen stehender, neutraler Experte oft durch seinen Input die Wogen glätten. Ferner können externe Referent/innen neue Themen, Inhalte und Ideen einbringen und dadurch den Kindergarten- bzw. Familienalltag bereichern. Häufig ist eine Zusammenarbeit mit Bildungswerken sinnvoll, die zum einen Fachleute vermitteln und zum anderen die Honorarkosten bezuschussen. Manchmal bieten sie sogar Veranstaltungsreihen für Kindergarteneltern an, die sich durchaus über mehrere Jahre erstrecken und aus grundlegenden Einheiten in Verbindung mit verschieden kombinierbaren thematischen Bausteinen bestehen können. Mancherorts gibt es auch „Referentenbörsen", die nur die Namen von Fachleuten enthalten, die von ihren Zuhörer/innen oder von den Einrichtungen, die sie eingeladen hatten, positiv beurteilt wurden.

Elternabende mit externen Referent/innen können problematisch verlaufen, wenn deren Aussagen im Gegensatz zu der pädagogischen Position der Erzieher/innen stehen oder die Bedürfnisse, Wünsche und Erwartungen der Eltern zu wenig berücksichtigen. Deshalb sollte immer ein *Vorbereitungstreffen* (zumindest ein längeres Telefonat) angesetzt werden, bei dem – unter Umständen unter Einbeziehung von Eltern – die Ziele und Inhalte der Veranstaltung sowie deren Verlauf abgesprochen werden. Dabei sollten auch die Zusammensetzung der Elternschaft des Kindergartens, besondere Wünsche und Problemlagen erwähnt werden. Auf diese Weise kann verhindert werden, dass z.B. bei einem Elternabend zum Thema „Schulvorbereitung" Lehrer/innen und Erzieher/innen von Eltern gegeneinander ausgespielt werden.

Bei Vortragselternabenden darf nicht der Eindruck vermittelt werden, dass die Eltern als wenig kompetent hinsichtlich der Erziehung ihrer Kinder gesehen werden und nun von Fachleuten „aufgeklärt" werden. Die weitaus meisten Eltern erziehen ihre Kinder erfolgreich und fördern ihre Entwicklung. So haben sie ein Recht darauf, dass ihre Kompetenz wahrgenommen und wertgeschätzt wird.

Bei Vortragselternabenden sollte die Kindergartenleitung die Eröffnung der Veranstaltung, die Begrüßung der Eltern, die Einführung in die Thematik (z.B. Gründe für die Auswahl des Themas), das Vorstellen des Referenten und die Gesprächsleitung übernehmen.

Wichtig ist, dass die für den Vortrag vorgesehene Zeit nicht überzogen wird, sodass genügend Zeit für die Diskussion bleibt. Heute sind immer weniger Eltern bereit, sich lange Referate anzuhören – sie wollen vielmehr mitreden, diskutieren, Erfahrungen austauschen und Beziehungen zu anderen Eltern aufbauen.

Der erlebnis- und handlungsorientierte Elternabend

Hier steht das praktische Erleben der Kindergartenarbeit im Mittelpunkt – mit dem Ziel, dass Eltern die entsprechenden frühpädagogischen Ansätze, Ziele und Methoden besser verstehen. Zunächst sollen sie selbst erfahren, was ihre Kinder im Kindergarten machen, womit sie spielen, welche Materialien sie einsetzen usw. So beginnt der Elternabend nach der Begrüßung und Einführung in die Thematik zumeist mit *praktischen Aktivitäten in Kleingruppen*: „An einem typischen Elternabend kamen die Eltern in den Gruppenraum, der so gestaltet war, wie er von den Kindern tagsüber genutzt wurde. Sie [die Erzieherin] zeigte den Eltern die Spielecken und erklärte, was in ihnen gelernt wird. Die Eltern konnten dann selbst die Aktivitäten der Kinder ausführen und für sich die kognitiven Herausforderungen entdecken, die mit den jeweiligen Aufgaben verbunden waren" (Stipek/Rosenblatt/DiRocco 1994, S. 8).

Die Eltern basteln und tonen in den Gruppenräumen, untersuchen bestimmte Gegenstände, füllen Arbeitsblätter aus, probieren verschiedene Spiele aus u.v.a.m. Dann kommen sie wieder zusammen, um über die gemachten Erfahrungen zu sprechen – sowie darüber, was ihre Kinder wohl in solchen Situationen lernen und wie ihre Entwicklung durch die jeweiligen Aktivitäten gefördert wird. In diesem Kontext stellen die Erzieher/innen die *Ziele und Inhalte ihrer pädagogischen Arbeit* vor. Dann können theoretische Ausführungen folgen, z.B. über das Spiel als Prinzip der Elementarpädagogik, die Bedeutung kreativer Beschäftigungen oder den Umgang mit Montessori-Material.

Je nach Zielsetzung kann sich die Diskussion auf das Lernen des Kindes im Kindergarten beschränken oder das *Lernen im Elternhaus* einbeziehen. Im letztgenannten Fall wird das Gespräch auf die Familiensituation ausgeweitet: Womit spielt das Kind daheim? Welche Spielsachen und Materialien stehen zur Verfügung? Wie lange beschäftigt sich das Kind alleine? Wie spielt es mit Eltern, Geschwistern bzw. Spielkameraden? Was lernt es in den verschiedenen Spielsituationen? Welche Probleme treten in diesem Kontext auf? (z.B. Konflikte hinsichtlich des Aufräumens, abrupter Spielabbruch, Geschenk unerwünschter Spielsachen).

Hier findet also ein wechselseitiger Austausch von Beobachtungen und Erfahrungen der Eltern untereinander und mit den Erzieher/innen statt. Die Erlebnisse und Erkenntnisse werden gemeinsam reflektiert. Zugleich können Unterschiede in der Erziehung und Bildung von Kindern im Kindergarten und in der Familie herausgearbeitet werden. Ferner kann auf verschiedene kindliche Verhaltensweisen in diesen beiden Lebenswelten eingegangen werden. Schließlich erhalten die Eltern im Gespräch mit anderen Eltern und mit den Erzieher/innen Impulse für die Beschäftigung ihrer Kinder daheim (z.B. Auswahl guter Spielsachen und Bilderbücher, entwicklungsfördernde Aktivitäten) und für den erzieherischen Umgang mit ihnen (z.B. hinsichtlich der Lösung von Konflikten mit Geschwistern oder Spielkamerad/innen).

Zu erlebnisorientierten Elternabenden können auch die Kinder eingeladen werden. So kann zunächst eine gemeinsame *Eltern-Kind-Aktivität* stattfinden. Diese wird anschließend von den Eltern in der Elterngruppe oder in mehreren Kleingruppen reflektiert, wobei die gesammelten Beobachtungen und Erfahrungen verallgemeinert, Grundsätze der pädagogischen Arbeit im Kindergarten verdeutlicht und ergänzende Aspekte der Familienerziehung diskutiert werden können. Währenddessen bereiten die Kinder mit einem Teil des Personals ein gemeinsames Abendessen vor, das einen geselligen Abschluss der Veranstaltung ermöglicht. Es ist offensichtlich, dass eine solche Elternveranstaltung früh beginnen und früh enden muss.

Die moderierte Arbeitsgruppe

Hier wird das jeweilige Thema von den Eltern selbst erarbeitet. Der Erfolg eines solchen Arbeitskreises hängt weitgehend davon ab, wie gut die *Diskussionsleitung* ist. Die Erzieherin muss als Moderatorin die Eltern durch folgende Phasen des Moderationszyklus begleiten:

1. *Einstieg:* Die Fachkraft führt knapp in die jeweilige Thematik ein. Der Einstieg kann z.B. durch ein Praxisbeispiel, eine kurze Videosequenz aus dem Kindergartenalltag, ein von den Erzieher/innen vorbereitetes Rollenspiel oder das Vorlesen eines Zeitungsartikels, eines Gedichts, eines Auszugs aus einem Kinderbuch oder eines kurzen pädagogischen Textes erleichtert werden.

2. *Ideensammlung:* Die Eltern tragen ihre Vorstellungen und Meinungen zum Thema zusammen. Die Erzieherin notiert sie z.B. auf Moderationskarten, einer Flip-Chart oder auf einem großen Bogen Packpapier.

3. *Bewertung/Auswahl:* Die Ideen werden von den Eltern geordnet und bewertet. Die Moderatorin hilft den Eltern, das Wesentliche herauszuarbeiten, und hält Zwischenergebnisse oder unterschiedliche Positionen fest. Zentrale Fragestellungen – die weiter behandelt werden sollen – werden bestimmt.

4. *Themenbearbeitung:* Die ausgewählten Themen werden im Arbeitskreis oder in Kleingruppen diskutiert. Es können nun auch bestimmte Maßnahmen (z.B. besondere Bildungsangebote) geplant werden.

5. *Abschluss/Reflexion:* Die Ergebnisse werden zusammengefasst, und der Arbeitserfolg wird bewertet.

Die Erzieherin muss während des Moderationszyklus ein Klima der Offenheit und des Vertrauens schaffen, eine gute Verständigung zwischen den Eltern gewährleisten und den Gesprächsverlauf kontrollieren, also z.B. stille Eltern aktivieren, Vielredner bremsen, bei Abschweifungen zum Thema zurückführen und zum Lösen von Konflikten anhalten. Sie sollte nur kurz auf individuelle Probleme eingehen (stattdessen auf die Möglichkeit eines Termingesprächs hinweisen) und sicherstellen, dass im Plenum nicht über einzelne Kinder gesprochen wird.

Beispielsweise kann eine Arbeitsgruppe zum Ziel haben, Eltern zukunftsorientierte Erziehungs- und Bildungsziele zu vermitteln (vgl. Textor 2018). Ein interessanter Einstieg kann die Frage sein: „In welcher Arbeits- und Lebenswelt werden sich unsere Kinder bewähren müssen?" Eltern und Erzieher/innen können ihre Vorstellungen über Wirtschaft, Technik, Familienleben, Freizeit usw. im Jahr 2040 (wenn die Kinder erwachsen sind) zusammentragen. Dann kann diskutiert werden, über welche Kompetenzen Kinder verfügen sollten, um für zukünftige Herausforderungen gerüstet zu sein. Daraus werden Erziehungs- und Bildungsziele abgeleitet. Abschließend wird besprochen, wie diese in Familie und Kindergarten erreicht werden können.

Aus einer solchen Elternveranstaltung kann sich auch eine länger bestehende Arbeitsgruppe ergeben, in der Erzieher/innen und Eltern gemeinsam die Konzeption des Kindergartens überarbeiten oder diskutieren, wie die kindlichen Entwicklungsbedingungen in Familie und Einrichtung – oder in der Gesellschaft – verbessert werden könnten.

Der selbsterfahrungsorientierte Elterngesprächskreis

Hier stehen *Selbsterfahrung, Erfahrungsaustausch* und *wechselseitige Beratung* der Eltern im Mittelpunkt. So wird am ehesten sichergestellt, dass Themen nicht nur intellektuell abgehandelt werden, sondern dass sich die Eltern mit ihrer Persönlichkeit, ihren Gefühlen und Einstellungen in die Diskussion einbringen. Die Erzieher/innen halten sich weitgehend zurück (in welchem Ausmaß hängt vom jeweiligen Thema und von der Gesprächsbereitschaft der anwesenden Eltern ab). Sie sind jedoch für die Einführung in die Thematik und die Diskussionsleitung zuständig.

In Gesprächskreisen werden häufig unterschiedliche Meinungen und Einstellungen von Eltern (untereinander) oder von Eltern und Erzieher/innen hinsichtlich der Familien- oder Kindergartenerziehung deutlich. Sie können dann offen diskutiert werden. In manchen Fällen werden Kompromisse gefunden, in anderen wird festgestellt, dass jede Position ihre Berechtigung hat. So wird deutlich, dass unterschiedliche Erziehungsstile und -methoden akzeptabel sind – vorausgesetzt, die Kinder kommen damit zurecht und entwickeln sich normal.

Gesprächskreise haben zumeist eine große *elternbildende Wirkung*: Die Eltern reflektieren ihre Erziehungsziele und -methoden, modifizieren das eine oder andere (unangemessene) Ziel oder Verhalten und werden sich zugrunde liegender Motivationen bewusst. So schreibt Schlösser (2004): „Eltern denken früh an Bildungschancen, Schulerfolg, Bedeutung schulischer Abschlüsse und berufliche Aussichten. Dies kann Druck aufbauen und dazu führen, dass Eltern vorzeitig auf Entwicklungsfortschritte drängen, die altersgerecht noch gar nicht zu erwarten sind" (S. 55). Die Erzieher/innen und die anderen Eltern können ihnen helfen, hier das rechte Maß zu finden.

Ein Gesprächskreis kann sich durchaus auch verselbständigen, also zu einer sich *in regelmäßigen Abständen treffenden Elterngruppe* werden. Diese kann (1) allen Eltern offen stehen, (2) sich auf eine bestimmte Zielgruppe wie Alleinerziehende, nicht erwerbstätige Mütter oder Eltern mit Migrationshintergrund beschränken, (3) ein bestimmtes Thema aufarbeiten oder (4) das jeweilige Thema von Treffen zu Treffen festlegen.

Der Gesprächskreis kann von einer Erzieherin, von Eltern oder von einem Außenstehenden (z.B. Erziehungsberater/in, Familienbildner/in) geleitet werden. Sinnvoll ist ein stabiler Teilnehmerkreis von acht bis 16 Personen, die sich wöchentlich oder alle zwei Wochen treffen.

In der Regel durchläuft ein längere Zeit bestehender Gesprächskreis laut Stürmer (2003) vier Entwicklungsphasen:

1. *Auftauen und Orientieren*: Neue und alte Eltern „tasten" einander ab und lernen auf diese Weise die Ansichten und Einstellungen der anderen Gruppenmitglieder kennen. Es ist wichtig, dass ein Klima der wechselseitigen Offenheit, des Vertrauens und der gegenseitigen Akzeptanz entsteht.

2. *Rollenklärung*: Es erfolgt unter den Eltern eine Status- und Rollenverteilung. Ein Zusammengehörigkeitsgefühl entwickelt sich; erste Freundschaften entstehen.

3. *Arbeitslust und Produktivität*: Erziehungsfragen und -probleme werden intensiv diskutiert. Dies führt oft zu Verhaltensänderungen. Werden bestimmte Aktivitäten (z.B. Bildungsmaßnahmen) geplant, arbeiten alle Eltern engagiert mit. Sie unterstützen einander bei ihren Bemühungen.

4. *Ausstieg*: Spätestens am Ende des Kindergartenjahres löst sich die Gruppe (weitgehend) auf, da viele Eltern ausscheiden, weil ihre Kinder an die Schule wechseln. Insbesondere wenn die Gruppe über mehrere Monate hinweg bestand, sollte zu diesem Zeitpunkt ein Abschlussfest stattfinden.

Beispielsweise berichtet Gerstacker (2000) von Elterngruppen, in denen unter Leitung einer Psychologin Erziehungsfragen diskutiert werden. Die Eltern können z.B. ein bestimmtes Problem oder eine auffällige Verhaltensweise ihres Kindes beschreiben. Dann werden die anderen Eltern gefragt, ob sie Ähnliches aus ihrem Erziehungsalltag kennen, wie sie sich damals das Verhalten ihres Kindes oder die eigenen Reaktionen erklärt haben und wie sie mit der Situation umgegangen sind. Schließlich wird besprochen, ob sich diese Erfahrungen auf den erstgenannten Fall übertragen lassen bzw. welche Lösungswege und Handlungsmöglichkeiten infrage kommen. Beim nächsten Treffen berichten die betroffenen Eltern, ob das Problem gelöst oder das kindliche Verhalten geändert werden konnte.

Wollen Erzieher/innen einen längerfristigen Gesprächskreis selbst leiten, so sollten sie laut Bernitzke und Schlegel (2004) Folgendes beachten: „Vor der Initiierung eines thematischen Gesprächskreises ist zu berücksichtigen, dass große Anforderungen an die Leitung der Gruppe gestellt sind. Die Beherrschung von gruppendynamischen Prozessen setzt eine entsprechende Ausbildung oder zumindest Erfahrungen in der Gruppenarbeit voraus. Es empfiehlt sich, den Gesprächskreis zu zweit zu leiten" (S. 178). Insbesondere wenn in der Gruppe sehr starke Gefühle geweckt oder Eltern von anderen Teilnehmern psychisch verletzt werden, müssen die Erzieher/innen fähig sein, die betroffenen Eltern emotional aufzufangen. Auch müssen die Fachkräfte die Vertraulichkeit der Gespräche gewährleisten.

Allgemeine Hinweise für Elternabende und Gesprächskreise

Selbstverständlich lassen sich in der Realität die genannten Formen von Elternveranstaltungen nicht so deutlich voneinander abgrenzen, wie dies hier geschah: Zumeist werden einzelne Elemente wie Kurz- bzw. Impulsreferat, Diskussion, Erfahrungsaustausch und erlebnisorientierte Aktivität miteinander vermischt.

Unabhängig von der Art der Elternveranstaltung muss großer Wert auf die *Einladung* gelegt werden: Handzettel, Plakate oder Anschläge am „Schwarzen Brett" sollten bunt, pfiffig und interessant gestaltet werden. Den Eltern muss das Gefühl vermittelt werden, dass sie etwas verpassen, wenn sie den Elternabend bzw. den Gesprächskreis nicht besuchen. Dazu benötigen sie knappe Informationen über die vorgesehene Thematik und den Ablauf der Veranstaltung.

Bedenkt man, dass Eltern wenig Zeit für den Besuch von Elternabenden haben und dass es viele attraktive Freizeitalternativen gibt, dann wird die Notwendigkeit von besonderen „*Werbemaßnahmen*" offensichtlich. Beispielsweise kann die Teilnahmequote erhöht werden, wenn die Eltern beim Bringen bzw. Abholen der Kinder persönlich eingeladen werden. Eltern, die nicht in die Kindertageseinrichtung kommen (z.B. bei „Buskindern"), können telefonisch angesprochen werden. Powell (1998) berichtet, dass durch das Organisieren von Mitfahrgelegenheiten, eine parallele Kinderbetreuung oder das Anbieten eines Imbisses mehr Eltern für Elternabende gewonnen werden konnten. Vor allem aber sollte seiner Meinung nach den Eltern verdeutlicht werden, dass die Teilnahme an den Veranstaltungen positive Folgen für die Familienerziehung bzw. die Entwicklung ihres Kindes haben wird. Wenn durch das jeweilige Thema eine hohe persönliche Betroffenheit erreicht wird, ist eine große Motivation zur Teilnahme an der Elternveranstaltung gegeben. Außerdem werden generell mehr Angebote genutzt, wenn eine gute Erzieherin-Eltern-Beziehung besteht.

Jeder Elternabend bzw. Gesprächskreis sollte *gründlich vorbereitet* werden. Manchmal ist es sinnvoll, Eltern (Elternbeiräte und/oder besonders interessierte Eltern) zu der Vorbesprechung einzuladen. Dies erhöht die Wahrscheinlichkeit, dass den Bedürfnissen und Wünschen der Elternschaft Rechnung getragen wird. Auch können Eltern durchaus an der Gestaltung des Elternabends mitwirken. Ferner ist es wichtig, sich über Methoden (z.B. Vortrag, Powerpoint-Präsentation, Moderation, Kartenabfrage, Mind-Mapping) und benötigte Hilfsmittel Gedanken zu machen (z.B. Flip-Chart, Pinnwände, Folien, DVD-Recorder, Laptop mit Beamer). Außerdem muss über die Gestaltung des Raumes und die Sitzordnung (möglichst kreisförmig) gesprochen werden.

Auch auf eine gute Zeitplanung sollte Wert gelegt werden: Eine längere Pause oder ein geselliges Beisammensein am Ende des Abends ermöglicht es Eltern, einander besser kennen zu lernen, persönlich relevante Fragen in Kleingruppen zu diskutieren oder mit den Erzieher/innen informelle Gespräche zu führen. Manchmal ist es sinnvoll, einen Gesamtelternabend mit Gruppenelternabenden zu verbinden, sodass die Eltern noch mit der für ihr Kind zuständigen Gruppenleiterin und der Zweitkraft sprechen können.

Zu Beginn des Elternabends sollten die Eltern möglichst im Eingangsbereich oder vor dem Veranstaltungsraum persönlich mit Handschlag willkommen geheißen werden. Wenn viele Eltern ei-

86

nander noch nicht kennen, ist nach der offiziellen Begrüßung eine Vorstellungsrunde sinnvoll. Wenn der Ablauf der Veranstaltung dargestellt wird, sollte auch die Uhrzeit des voraussichtlichen Endes genannt werden. Dies verhindert, dass der Abend zeitlich ausufert, wenn z.B. nach dem „offiziellen Teil" noch ein gemütlicher Ausklang oder eine offene Fragerunde vorgesehen ist. Dann sollte die Erzieherin kurz in das Thema der jeweiligen Veranstaltung einführen und sich vergewissern, ob ihre Planung den Erwartungen der Eltern an die Thematik entspricht.

Bei der Durchführung der Elternveranstaltung muss auf das *Einhalten von Gesprächsregeln* geachtet werden: So sollte immer nur *eine* Person reden – und auch aussprechen können. Es sollte sichergestellt werden, dass die anderen Anwesenden gut zuhören und nachfragen können, wenn sie etwas nicht verstanden haben. Dem Vorbild der Erzieher/innen kommt hier eine große Bedeutung zu: Beispielsweise sollten sie in der Ich-Form sprechen und eigene Gefühle, Gedanken, Erfahrungen und Probleme mit Kindern (natürlich anonymisiert) ansprechen – dann werden auch die Eltern eher aus sich herausgehen und persönlich Relevantes äußern.

Meist ist es sinnvoll, zum Schluss des Elternabends die wichtigsten Gesprächsinhalte kurz zusammenzufassen. Vor der Verabschiedung können noch Fragebögen oder leere Zettel an die Eltern verteilt werden, sodass sie die Veranstaltung bewerten, Verbesserungsvorschläge machen und sie interessierende Themen benennen können.

Jedem Elternabend bzw. jedem Gesprächskreis sollte eine kurze *Nachbesprechung im Team* folgen. Dabei können Fragen diskutiert werden wie: Wurden unsere Ziele erreicht? War die Vorbereitung in Ordnung? Gab es einen intensiven Informations- und Erfahrungsaustausch? War die Gesprächsatmosphäre gut?

Letztlich ist für den Erfolg von Elternabenden und Gesprächskreisen entscheidend, ob die Eltern die pädagogische Arbeit der Erzieher/innen kennen und verstehen lernen, mehr Verständnis für das Erleben und Verhalten ihres Kindes in Familie und Kindergarten entwickeln, Antworten auf Erziehungsfragen erhalten und die eigene Elternkompetenz ausbauen können – wenn ihnen die Veranstaltung also „etwas bringt".

2.7 Elternbildung

Viele Eltern sind heute durch widersprüchliche Erziehungsziele und -theorien verunsichert. Sie fühlen sich mit der Erziehung ihrer Kinder überfordert und machen oft Erziehungsfehler. So erwarten sie zunehmend Rat und Unterstützung von Erzieher/innen, die sie als professionelle Pädagog/innen wahrnehmen. Zugleich sehen sich die Fachkräfte immer mehr mit Forderungen von Politiker/innen, Trägern und Wissenschaftler/innen konfrontiert, in ihren Einrichtungen Elternbildung zu praktizieren: Der Kindergarten sei die erste Institution der Gesellschaft, in der *alle* Eltern erreicht werden könnten, und die Eltern von Kleinkindern wären am ehesten motiviert, ihre Erziehungskompetenzen zu verbessern.

Erzieher/innen reagieren auf diese Erwartungen, indem sie im Rahmen von Elterngesprächen Elternbildung und Beratung anbieten. Aber auch Hospitationen und die Mitarbeit von Eltern im Kindergarten sowie Elternabende und Gesprächskreise sind mit elternbildenden Zielen und Wirkungen verknüpft. Dies trifft beispielsweise auf Elternveranstaltungen zu mit Themen wie „Grenzen setzen", „Förderung der Selbständigkeit des Kindes", „Umgang mit Konflikten", „Medienerziehung", „Aggressivität", „Wertevermittlung in der Familie", „Hyperaktivität" und „Schulvorbereitung in Kindergarten und Familie".

Wichtig ist bei solchen Veranstaltungen der Erfahrungsaustausch zwischen den Eltern, da sie auf diese Weise voneinander lernen können: „Von hoher Bedeutung sind daher Gelegenheiten für Eltern, Wissen über kindliche Entwicklung auszutauschen, zu erweitern und zu werten. Dabei geht es nicht nur um die Erweiterung fachlicher Kompetenzen, sondern vor allem um die *persönlichen und emotionalen elterlichen Faktoren*, die mit ins Spiel kommen. Die eigene Rolle, die Gefühle, die Einschätzung der Verantwortlichkeit, Anforderungen, Überforderungen, Sicherheit, Ängstlichkeit, Sorge, Gelassenheit, Liebe, Unmut, Ärger, Zärtlichkeit, Abstand, Ruhebedürfnis, Nähe und all die vielen anderen Facetten der elterlichen Position müssen Äußerungsmöglichkeiten in einem geschützten Raum erhalten können" (Schlösser 2004, S. 55).

Elternbildung kann ferner durch entsprechende Artikel in *Elternbriefen*, Kindergartenzeitungen und *Newslettern* erfolgen. In einer Sitzecke, im Elterncafé oder in der Elternbibliothek können *Erziehungsratgeber*, *Elternzeitschriften* und von den Erzieher/innen gesammelte Artikel (z.B. thematisch in einen Ordner abgelegt) eingesehen oder ausgeliehen werden. Ferner kann auf *familienbildende Websites* aufmerksam gemacht werden.

Mit Hilfe von Familienbildungsstätten, Bildungswerken, Jugendämtern, Wohlfahrtsverbänden usw. können Kindergärten *Elternkurse* bzw. *Elternschulen* organisieren. Aufgrund des hohen Zeit- und Arbeitsaufwands werden diese Seminare in der Regel von externen Fachleuten durchgeführt, die zumeist eine Ausbildung in einem bestimmten Elternbildungsprogramm (vgl. Tschöpe-Scheffler 2006) erhalten haben. Elternkurse können durchaus von mehreren Kindergärten gemeinsam organisiert werden. Wird parallel eine Kinderbetreuung angeboten, können auch Eltern mit Säuglingen und Kleinkindern problemlos teilnehmen.

Elternkurse beschränken sich weitgehend auf die *Erziehungs*funktion von Familien. Es sollte aber auch deren *Bildungs*funktion gestärkt werden (Textor 2005). So sind vor allem folgende *bildungsrelevanten Merkmale zu fördern*:

1. eine qualitativ gute Kommunikation zwischen Eltern und Kindern (also auch bezogen auf Wortschatz, Begriffsverständnis, Komplexität von Sätzen usw.),
2. die Unterstützung des Kleinkindes bei der Erkundung der Welt und bei der Aufnahme sozialer Beziehungen,
3. bildende Aktivitäten in der Familie, z.B. Beschäftigung mit Lernspielen, Vorlesen, Experimentieren sowie Gespräche

über Fernsehfilme, Bücher, naturwissenschaftliche Themen oder politische Ereignisse,

4. eine positive Einstellung zu Lernen und Leistung, zu Kindertageseinrichtung und Schule,

5. ein enger Kontakt zu Erzieher/innen, damit Eltern wissen, wie sie Bildungsbemühungen des Kindergartens zu Hause unterstützen können.

So sollten Erzieher/innen Eltern darüber informieren, wie gute Lernvoraussetzungen in Familien geschaffen und (Selbst-) Bildungsprozesse der Kinder initiiert und unterstützt werden können. Workman und Gage (1997) ergänzen: „Wir glauben, dass die wichtigste und effektivste Form der Mitarbeit, in der sich Eltern engagieren können, die Beschäftigung mit ihren eigenen Kindern ist, in ihren eigenen Wohnungen..." (S. 10). Inzwischen gibt es Listen von Aktivitäten, mit deren Hilfe Eltern die Entwicklung von Kleinkindern fördern können (Textor 2008, 2014). Werden solche Listen von den Erzieher/innen weitergegeben oder erarbeiten sie mit den Eltern weitere Vorschläge, so leisten sie einen wichtigen Beitrag zur Stärkung der Familienerziehung.

2.8 Vom Kindergarten zum Familienzentrum

In vielen Bundesländern werden einzelne Kindergärten zu Familienzentren umgestaltet, in denen Eltern professionelle Beratung und Unterstützung erhalten können. Dazu werden relevante, vor Ort vorhandene Angebote von Beratungsstellen, Jugendämtern, Familienbildungsstätten, Wohlfahrtsverbänden, Selbsthilfeorganisationen und anderen Einrichtungen durch den Kindergarten zugänglich gemacht – entweder in den eigenen Räumen oder dank etablierter Vernetzungsstrukturen durch direkte Vermittlung. Die Bandbreite der Angebote ist von Familienzentrum zu Familienzentrum unterschiedlich und kann z.B. Gesprächskreise, Elternkurse, Erziehungsberatung, Sozialberatung, Antragshilfe (Ausfüllen von Formularen), Konsultation von Familienhebammen, Tauschbörsen (auch für Dienstleistungen), wechselseitige Kinderbetreuung und Freizeitaktivitäten umfassen (z.b. Wanderungen, Fußballturniere, Fitnesskurse, Kreativnachmittage, Besuch kultureller Veranstaltungen, Ausflüge). Außerdem können Kindergartenräume für Familienfeiern zur Verfügung gestellt werden, wenn Wohnungen sehr klein und Eltern sozial bedürftig sind.

Ferner helfen Familienzentren erwerbstätigen Eltern bzw. Alleinerziehenden durch die Vermittlung von Tagesmüttern, Babysittern oder Leih-Omas/-Opas, Betreuungslücken zu schließen. Besonderes Augenmerk wird auf die Einbindung von sozial benachteiligten Familien und von Eltern mit Migrationshintergrund gerichtet. Großeltern und Geschwister der Kindergartenkinder werden als Familienmitglieder in einzelne Aktivitäten einbezogen. Alle diese Angebote sollen letztlich dem Wohl der Kinder dienen, indem die Erziehungskraft der Familie gestärkt, das Familienleben bereichert und die Zusammenarbeit mit dem Kindergarten verbessert wird.

Manchmal wird auch die *Einbeziehung der Nachbarschaft* angestrebt: „Bislang eher interne Veranstaltungen wie Referentenvortrag, Kindergartenfest, Basar, Sommerfest, Laternen-Umzug oder Flohmarkt werden als öffentlichen Veranstaltungen für die Umgebung geplant. Bekannt gegeben wird das Ereignis über Aushänge in benachbarten Geschäften oder über Anzeigen und Artikel in der Tageszeitung" (Verlinden/Külbel 2005, S. 56 f.). Darüber hinaus können Angebote für Familien gemacht werden, die (noch) keine Kinder im Kindergarten angemeldet haben. Dazu gehören beispielsweise Geburtsvorbereitungskurse, Stillgruppen, offene Spielkreise, Eltern-Kind-Gruppen, Deutschkurse oder ein Mittagstisch für Eltern und Nachbarn. Bei entsprechenden Räumlichkeiten können beispielsweise auch Selbsthilfegruppen von Alleinerziehenden oder von Eltern mit behinderten Kindern eine neue Heimat in der Kindertageseinrichtung finden. In Spielgruppen für Kinder mit Migrationshintergrund ist eine frühe Sprachförderung möglich, werden sie und ihre Eltern frühzeitig an den Kindergarten herangeführt.

Colberg-Schrader und Oberhuemer (2000) schlagen vor, dass Kindertageseinrichtungen als *„multifunktionale Dienstleistungszentren"* Beschäftigungs- und Qualifizierungschancen für Eltern schaffen und Elternnetzwerke unterstützen. Analog zu den „Early Excellence Centres" in England könnten Unterstützungsangebote für junge Familien (Hausbesuche, Elterntreffen, Beratung, Spielzeugverleih, Bücherei, Jugend- und Familienclubs) und ein Gesundheitsdienst für alle Fragen rund um Schwangerschaft und Kind angeboten werden. Ein weiteres Ziel wäre die Verbesserung der elterlichen Erziehungskompetenzen durch Einbezug der Eltern in die Erziehungs- und Bildungsarbeit, gemeinsame Projekte, regelmäßige Entwicklungsberichte über die Kinder, einen häufigen Gesprächsaustausch zwischen Fachkräften und Eltern sowie die Möglichkeit, dass Eltern das Verhalten ihres Kindes zu Hause auf Video dokumentieren und dann mit den Fachkräften besprechen.

An der Weiterentwicklung ihres Kindergartens zu einem Familienzentrum interessierte Erzieher/innen sollten mit Elternvertreter/innen und/oder interessierten Eltern mehrmals im Jahr zusammenkommen, um gemeinsam eine Konzeption zu entwickeln. Die erste Besprechung kann mit einem Brainstorming beginnen, bei dem Wünsche und Interessen von Familien, die Bedürfnisse von Familien in besonderen Lebenslagen, Ziele der Zusammenarbeit, mögliche Aktivitäten und Hindernisse für die Beteiligung von Eltern ermittelt werden. Nach deren Diskussion kann dann die Konzeption erstellt werden – als eine von Erzieher/innen und Eltern geteilte *„Vision"*. Anschließend können bedarfsgerechte Aktivitäten in Kooperation mit geeigneten Netzwerkpartner/innen geplant und durchgeführt werden. Die erfolgten Angebote werden evaluiert (z.B. anhand des „Gütesiegels Familienzentrum"; Ministerium für Familie, Kinder, Jugend, Kultur und Sport des Landes Nordrhein-Westfalen 2018), und anhand der hierbei gewonnenen Erkenntnisse wird die Konzeption fortgeschrieben.

Es ist offensichtlich, dass Familienzentren nur realisiert werden können, wenn Kindergärten zusätzliche personelle und finanzielle Ressourcen zur Verfügung gestellt werden.

2.9 Elternarbeit mit Vätern

Elternarbeit in Kindertageseinrichtungen ist in der Regel *Mütter*arbeit. Mitbedingt durch die in unserer Gesellschaft immer noch weit verbreiteten traditionellen Geschlechtsrollenleitbilder und die große Präsenz von Frauen in Kindertagesstätten (als Erzieher/innen und Mütter) sehen Väter im Kindergarten einen von Frauen geprägten und bestimmten Lebensbereich. Es ist verständlich, dass sich einzelne Väter – die sich z.b. in einen Elternabend „verirrt" haben – unter so vielen Frauen unwohl fühlen und dem nächsten Termin fernbleiben. Und so ist es nicht verwunderlich, dass sich die Präsenz von Vätern im Kindergarten auf das gelegentliche Bringen und Abholen von Kindern sowie auf die Teilnahme an Veranstaltungen mit einem traditionell höheren Männeranteil (z.b. Sommer- oder Grillfest) beschränkt.

Jedoch spielen Väter eine wichtige Rolle in der Entwicklung ihrer Kinder, insbesondere im kognitiven Bereich sowie hinsichtlich der Geschlechtsrollenidentität und des Selbstwertgefühls. Dies gilt umso mehr, wenn sie eine intensive, emotional geprägte Beziehung zu ihren Kindern aufgebaut haben und sich viel mit ihnen beschäftigen.

Die Kindertageseinrichtung kann einen wichtigen Beitrag zur Ausbildung eines positiven Vater-Kind-Verhältnisses leisten, wenn es ihr gelingt, Väter vermehrt in die Kindergarten- und Elternarbeit einzubeziehen und sie in Aktivitäten mit ihren Kindern zu involvieren: „Die familienergänzende Aufgabe des Kindergartens lässt zu, dass den Vätern Impulse und Räume angeboten werden, in denen sie eine ‚neue Väterlichkeit' ausprobieren, anderen Vätern begegnen und sich spielerisch den Kindern widmen können" (Verlinden/Külbel 2005, S. 10). Dies ist aber leichter gesagt als getan – viele Erzieher/innen haben schon frustrierende Erfahrungen gemacht, wenn sie Väter zu erreichen versuchten.

Wichtig ist, dass zunächst dem Eindruck entgegengewirkt wird, die Kindertageseinrichtung sei eine reine „Frauendomäne", in der Väter nur als „Zaungäste" fungieren. Beispielsweise tragen folgende Aktivitäten dazu bei, dass *ein Kindergarten „väterfreundlich" wirkt*:

- Vom ersten Kontakt mit Eltern an sollte *immer wieder* die Botschaft vermittelt werden, dass Väter im Kindergarten willkommen sind und dass von ihnen erwartet wird, dass sie dort auch präsent sind.

- Das bedeutet beispielsweise, dass schon zum Anmeldegespräch beide Eltern eingeladen werden – und ein Termin vereinbart wird, wo *beide kommen können*. Dasselbe gilt natürlich auch für spätere Elterngespräche: „Wenn Erzieherinnen sich in diesen Gesprächen über das Kind für die Ansichten des Vaters genauso interessieren wie für die Ansichten der Mutter, dann kann das die väterliche Erziehungsbereitschaft fördern. Der Vater wird sensibler für sein Kind, wenn er im Gespräch Stärken und Eigenschaften des Kindes, dessen Bedürfnisse und Entwicklungsschritte erfährt und selber benennen kann. Je frühzeitiger Fachkräfte Positionen von Vater und Mutter herausfinden, umso einfühlsamer dürften individuelle Absprachen und notwendige Hilfen für das Kindergartenkind ausfallen" (Verlinden/Külbel 2005, S. 48).

- Bei der Anmeldung sollten auch die Namen, Anschriften und Telefonnummern getrenntlebender, geschiedener oder unverheirateter Väter erfasst werden – sowie von Stiefvätern und von Lebenspartnern, die nicht leibliche Väter sind, aber die weitgehend soziale Vaterrolle ausüben. Dann können sie (per Brief oder Telefon) zu Elternveranstaltungen eingeladen sowie über die Entwicklung der Kinder persönlich oder telefonisch informiert werden. Sind getrenntlebende oder geschiedene Mütter mit alleinigem Sorgerecht hiermit nicht einverstanden, verlangt das Kindeswohl, dass mit ihnen über die Bedeutung des Vaters für die Entwicklung von „Scheidungskindern" gesprochen wird und sie möglichst umgestimmt werden.

- Elternbriefe, Plakate, Einladungen und andere Schriftstücke sollten sich immer explizit an Mütter *und* Väter richten. Anstatt von „liebe Eltern" sollte also „liebe Mütter, liebe Väter" geschrieben werden.

- Möglichst jede Gelegenheit, wenn ein Vater in den Kindergarten kommt (z.B. beim Bringen oder Abholen von Kindern), sollte genützt werden, um ihn anzusprechen, mit ihm kurz über sein Kind zu reden und ihn direkt zur Mitarbeit im Kindergarten bzw. zu Elternveranstaltungen einzuladen. Dieses aktive *Auf-Väter-Zugehen* ist oft sehr erfolgreich.

- Ferner ist es sinnvoll, Väter nach ihrem Beruf, ihren Interessen und Hobbys zu fragen (hierzu kann auch ein *allen* Vätern zugesandter Fragebogen hilfreich sein). Diese Informationen können z.B. genutzt werden, um Väter in die Kindergruppe einzuladen, damit sie über ihren Beruf sprechen, bestimmte Fertigkeiten vorführen oder bei einem Projekt mitwirken, um Aktivitäten nur für Väter zu planen oder um deren Kompetenzen im Rahmen der Elternarbeit zu nutzen.

- Schließlich sollte die ganze Kindergartenatmosphäre „väterfreundlich" sein. Dies kann dadurch erreicht werden, dass z.B. Fotos von Vätern und ihren Kindern aufgehängt oder in der Konzeption abgedruckt werden, dass mit den Kindern aus Anzeigen, die Männer und Kinder zeigen, eine Collage gemacht wird oder dass in der Elternecke einige an Väter gerichtete Bücher und Broschüren ausliegen.

In diesem Kontext ist es wichtig, dass bei Teamsitzungen die Einstellungen der Kolleg/innen geklärt und verdeckte Widerstände angesprochen werden. Geschlechtsrollenleitbilder und die Wahrnehmung der Kindergartenväter sollten diskutiert, Ziele für die Väterarbeit gesetzt und gemeinsam nach Wegen zu deren Realisierung gesucht werden. Alle Mitarbeiter/innen sollten sich am Projekt „väterfreundlicher Kindergarten" aktiv beteiligen.

Häufig ist auch mit Widerständen bei Müttern zu rechnen, insbesondere wenn sie negative Erfahrungen mit Männern gemacht haben (z.B. bei Trennung bzw. Scheidung) oder wenn sie sich als Nichterwerbstätige vor allem über die Mutterrolle definieren. Auf solche Widerstände kann in Müttergruppen mit einem eher unverfänglichen Thema wie „Mutterschaft – Chancen und Probleme" oder in Einzelgesprächen eingegangen werden. Gelingt es, Mütter davon zu überzeugen, dass Väter (auch soziale Väter) wichtig für die Entwicklung ihrer Kinder sind, sich für die Kindergartenarbeit interessieren und gelegentlich in der Einrichtung präsent sein sollten – dann werden sie oft ihre (Ehe-) Partner (und manchmal sogar getrenntlebende oder geschiedene Väter) entsprechend motivieren: Sie kommen gemeinsam zu Elterngesprächen und -veranstaltungen oder wechseln sich ab.

Schließlich müssen die Ängste mancher Väter berücksichtigt werden, die sich im Umgang mit ihren Kindern inkompetent fühlen und befürchten, dass dies bei einer Präsenz im Kindergarten offensichtlich werden könnte. Diese Väter können oft zunächst nur durch *reine „Männeraktivitäten"* erreicht werden: Hier organisieren Kindertagesstätten z.B. Skatabende oder belegen eine Kegelbahn, einen Fußballplatz bzw. eine Turnhalle, sodass Väter dort gemeinsam Sport treiben können. Lernen die Väter einander auf diese Weise kennen, fällt es ihnen leichter, *gemeinsam* an anderen Kindergartenveranstaltungen teilzunehmen.

Es ist empfehlenswert, solche „Männeraktivitäten" auch von Männern organisieren und leiten zu lassen. Durch Fotos im Eingangsbereich, Berichte im Elternbrief oder durch das direkte Ansprechen (z.B. beim Anmeldegespräch, beim Bringen der Kinder, bei Festen, per Telefon) können mit der Zeit weitere Väter als Teilnehmer gewonnen werden. Auch ist jeder Mann, der sich in der Kindertageseinrichtung engagiert, potentiell ein „Anwerber" von Vätern.

Wurden Väter aktiviert, können sie in alle Angebote der Elternarbeit einbezogen werden. Neben der Teilnahme an Elternveranstaltungen ist hier auch an die *Hospitation* in der Kindergruppe zu denken. Bedenkt man, wie viele Kinder intensivere Vaterkontakte ent-

96

behren (weil der Vater beruflich überlastet ist, sich nur wenig mit seinem Kind beschäftigt oder nicht in der Familie lebt), dann ist es nicht verwunderlich, dass Väter in der Kindergruppe wie „Magnete auf zwei Beinen" wirken und immer von Kindern umringt sind. Eine solche Hospitation kann aber auch als Einstieg für ein anschließend stattfindendes Entwicklungsgespräch dienen und dann mit einem Beobachtungsauftrag verbunden sein.

Ferner können für Väter besondere Angebote wie die folgenden gemacht werden:

- *Männergruppen*: Hier kommen Väter mit anderen Männern zusammen, um entweder an den vorgenannten „Männeraktivitäten" teilzunehmen oder um sich über vorgegebene bzw. selbst gewählte Themen auszutauschen. Gesprächsgruppen sind eher erfolgreich, wenn sie von einem Mann geleitet werden, mit einer gemeinsamen, von den Teilnehmern zubereiteten Mahlzeit beginnen und viel Raum für Diskussionen lassen. Neben Themen wie Vaterschaft, Vereinbarkeit von Familie und Beruf, frühkindliche Entwicklung oder Erziehungsfragen kann auch über den praktischen Umgang mit Kleinkindern gesprochen werden.

- *Ausflüge*: Die Väter können z.B. den Besuch eines Bundesligaspiels, einen Vatertagsausflug oder einen Campingtrip organisieren.

- *Handwerkliche Tätigkeiten*: Viele Väter kommen gerne an einem Samstag oder an einem Abend in den Kindergarten, um Spielsachen zu reparieren, Gartenarbeit zu erledigen, das Außengelände neu zu gestalten, ein Baumhaus zu bauen, Wände zu streichen usw.

- *Mitwirkung an Veranstaltungen für die ganze Familie*: Manche Väter sind bereit, beim Sommerfest auszuhelfen, eine Familienwanderung oder eine Wochenendfreizeit zu organisieren, ein Grillfest zu gestalten usw.

- *Gruppenhospitation*: Eine Gruppe von Vätern wird zum Hospitieren in die Kindergruppe eingeladen. Anschließend werden die gemachten Erfahrungen und Beobachtungen mit der Gruppenleiterin diskutiert, während die Kinder mit der Zweitkraft zusammen z.b. einen gemeinsamen Imbiss vorbereiten.

- *Vater-Kind-Angebote*: Darunter fallen z.b. ein Samstagvormittag mit Spiel- und Bastelaktivitäten für Väter und Kinder, eine „Monsterparty" an einem Spätnachmittag, ein Projekt „Werken mit Holz", ein gemeinsamer Ausflug oder ein Abendessen an einem Werktag. Im Mittelpunkt sollte die Interaktion zwischen Vater und Kind stehen; die Erzieher/innen halten sich also im Hintergrund. Die Einladungen zu solchen Veranstaltungen können von den Kindern gestaltet und den Vätern mitgebracht werden.

- *Vater-Kind-Rallye*: Neue Väter werden eingeladen, zusammen mit ihrem Kind den Kindergarten zu erkunden. Sie bekommen bestimmte Aufträge, z.b. das schönste Bilderbuch auszusuchen und vorzulesen, bei der beliebtesten Aktivität ihres Kindes mitzumachen oder mit ihm etwas zu basteln.

- *Wettbewerbe*: Beispielsweise kann ein Vater-Kind-Turnier veranstaltet werden, bei dem Vater-Kind-Teams gegeneinander antreten. Für ein Ballspiel können aber auch eine Mannschaft der Kinder und eine der Väter gebildet werden – wobei „um der Gerechtigkeit" willen Letztere in ihrer Bewegungsfreiheit eingeschränkt werden, indem sie z.b. nur im Sitzen spielen dürfen oder je zwei Väter an einem Bein zusammengebunden werden.

- *Vater-Kind-Feste*: Hierzu bietet sich vor allem der Vatertag an – die Kinder „feiern" ihre Väter und gestalten weitgehend den Tagesablauf. Natürlich kann ein Fest auch zu einem anderen Zeitpunkt stattfinden und dann z.b. ein bestimmtes Motto haben.

Wie bereits erwähnt, dürfen sich solche Angebote nicht nur an Familienväter richten. Auch getrenntlebende, geschiedene oder unverheiratete Väter, Stiefväter, Lebenspartner der Mütter, Großväter oder andere „signifikante Männer" im Leben der Kindergartenkinder sollten teilnehmen können, damit jedes Kind „seinen Mann" mitbringen kann.

Ein Väterprogramm muss gepflegt werden, wenn es längere Zeit bestehen soll – es verlangt viel Engagement und Durchhaltevermögen, insbesondere bei den unvermeidbaren Rückschlägen und „Durststrecken". Da aktive Väter in der Regel nur wenige Jahre zur Verfügung stehen, muss zu Beginn des Kindergartenjahres darauf geachtet werden, ob sich neue Väter als Nachfolger eignen. Schließlich sollte von Zeit zu Zeit geprüft werden, inwieweit die Maßnahmen zur Intensivierung des Väterengagements erfolgreich sind und wo Veränderungen vorgenommen werden sollten. Hierzu eignen sich z.B. Teambesprechungen, Gespräche mit Vätern oder eine schriftliche Befragung.

2.10 Elternarbeit mit Eltern unter dreijähriger Kinder

Im März 2018 wurden 36% der Einjährigen und 63% der Zweijährigen in Kindertageseinrichtungen und Tagespflege betreut, allerdings nur 19% durchgehend für mehr als sieben Stunden am Tag (Statistische Ämter des Bundes und der Länder 2019, S. 12-14). Aus Entwicklungstendenzen der letzten Jahre lässt sich folgern, dass in den kommenden Jahrzehnten immer mehr Babys, Ein- und Zweijährige außerfamilial betreut werden – und wohl für immer mehr Stunden pro Woche. Für sie dürften Familie und Kindertageseinrichtung tendenziell zu gleich bedeutsamen Sozialisationsinstanzen werden.

Wenn ein Baby, ein einjähriges oder auch ein zweijähriges Kind in einen Kindergarten aufgenommen wird, so ist dies in der Regel die erste längerfristige und regelmäßige Trennung zwischen Eltern und Kind. Die Trennung fällt beiden Seiten zumeist schwerer als dies bei älteren Kleinkindern der Fall ist. Deshalb muss der Übergang von der Familie zum Kindergarten sorgsam vorbereitet, sachte durchgeführt und anschließend reflektiert werden.

So kommt dem *Aufnahmegespräch* eine noch größere Bedeutung zu, als dies bei älteren Kleinkindern der Fall ist (vgl. Kapitel 2.2). Da Babys, ein- und auch zweijährige Kinder ihre Bedürfnisse und Wünsche noch nicht klar äußern können, sind Erzieher/innen auf entsprechendes Wissen der Eltern angewiesen. So sollten diese die Fachkräfte z.B. „über die Gewohnheiten, besonderen Bedürfnisse und Kommunikationsformen ihrer Kinder sowie deren tägliche Routineabläufe in Kenntnis setzen. Zur Information dieser Art sollte gehören, wann und wie viel das Kind schläft, wie das Kind einschläft, was für Essgewohnheiten, Bedürfnisse, Vorlieben und Abneigungen es hat, wie seine Verdauung funktioniert, wie es mit der Flüssigkeitsaufnahme und -abgabe aussieht, was für Kuschelbedürfnisse es hat, welche *Trostspender* es braucht usw." (Gonzales-Mena/ Widmeyer-Eyer 2008, S. 486).

Die Eltern als die wichtigsten Bezugspersonen des Kindes sind *Expert/innen* für die Bedürfnisse, Ängste, Freuden, Gewohnheiten, Stärken und Schwächen ihres Kindes. Die Fachkräfte werden schneller und unproblematischer zu den zweitwichtigsten Bezugspersonen werden, wenn sie das Wissen und die Erfahrungen der Eltern berücksichtigen. Zugleich signalisieren sie beim Aufnahmegespräch durch ihr intensives Interesse am Kind, dass sie sich bestmöglich um es kümmern wollen. So vermitteln sie den Eltern den Eindruck, dass ihr Kind im Kindergarten gut aufgehoben sein wird. Der erste Schritt zum Aufbau einer vertrauensvollen Beziehung zwischen Eltern und Erzieher/innen ist damit schon getan.

Da der Übergang von der Familie in die Kindertageseinrichtung bei unter Dreijährigen ein längerfristiger und elternbegleiteter Prozess ist, sollten die Eltern schon beim Aufnahmegespräch über dessen Gestaltung informiert werden. Besonders wichtig ist hier der Hinweis, dass die Mitwirkung der Eltern am Eingewöhnungsprozess durchaus zwei Wochen und länger dauern kann – je nach Verhalten des Kindes. Deshalb sollte eine eventuelle Wiederaufnahme der

Erwerbstätigkeit möglichst erst einen Monat nach Beginn der Betreuung erfolgen. Mit den Eltern wird eine verbindliche Absprache hinsichtlich ihrer Mitwirkung bei der Eingewöhnung getroffen. Ein Informationsblatt oder eine entsprechende Seite auf der Homepage können hilfreich sein, da Eltern dann das Wichtigste über die Gestaltung des Übergangs nachlesen können.

Die Eingewöhnung unter dreijähriger Kinder

Babys, ein- und auch zweijährige Kinder werden heute in der Regel nach dem INFANS-Modell (Laewen/Andres/Hédervári 2019) – oder in Abwandlung desselben – *elternbegleitet, bezugspersonenorientiert* und *abschiedsbewusst* eingewöhnt. Hier verläuft die Eingewöhnung in drei Phasen: Die erste dauert drei Tage, wobei das Kind nur einige wenige Stunden im Kindergarten ist. Ein Elternteil befindet sich die ganze Zeit im Raum, spielt aber nicht mit dem Kind. Vielmehr lässt er das Kind seine neue Umgebung erkunden. Die Fachkraft, die als „Bezugserzieherin" für dieses Kind bestimmt wurde – also zu einer neuen Bezugsperson werden soll –, hält sich in seiner Nähe auf. Sie beobachtet es, nimmt allmählich Kontakt mit ihm auf und macht erste Spielangebote. Wichtig ist, dass der Elternteil an jedem dieser Tage das Kind wickelt und füttert, damit es vertraute Tätigkeiten mit der neuen Umgebung in Verbindung bringt. Die zukünftige Bezugserzieherin steht dabei neben dem Elternteil im Blickfeld des Kindes.

Die zweite Eingewöhnungsphase – der vierte Tag – beinhaltet eine erste kurze Trennung zwischen Kind und Elternteil. Dieser verlässt den Raum, kehrt aber sofort zurück, wenn das Kind weint. Aus der Reaktion des jeweiligen Kindes können erfahrene Erzieher/innen schließen, wie lange die weitere Eingewöhnungszeit dauern wird – ob nur noch wenige Tage oder ein bis zwei Wochen.

Die dritte Phase, die somit je nach Verhalten des jeweiligen Kindes unterschiedlich lang ist, umfasst immer längere Trennungen zwischen Elternteil und Kind. Die Bezugserzieherin kümmert sich liebevoll, feinfühlig und intensiv um das Kind und übernimmt Versorgungs- und Pflegetätigkeiten, wobei sie zuvor bei dem Elternteil beobachtete Verhaltensweisen imitiert. So entwickelt sich allmählich eine vertrauensvolle Beziehung des Kindes zu ihr. Der Elternteil zieht sich in eine Ecke des Raumes zurück und ist für das Kind nur als „Sicherheitsbasis" da. Er sollte weder mit ihm spielen noch es sonst wie beschäftigen. Der Bezugserzieherin gelingt es immer besser, das Kind zu trösten, wenn der Elternteil den Raum verlässt. Dieser hält sich zunächst noch im Kindergarten auf; dann kann er in der Nähe spazieren gehen oder Besorgungen erledigen, und schließlich muss er im Notfall nur noch per Handy erreichbar sein. Falls er sich große Sorgen macht, kann ihm erlaubt werden, sich nach seinem Weggang per Telefon zu erkundigen, wie es seinem Kind geht.

Wichtig ist, dass sich der Elternteil nicht einfach aus dem Raum „herausschleicht", sondern dass er sich eindeutig, liebevoll und herzlich von seinem Kind verabschiedet. Aus der Erfahrung heraus, dass dem klaren Abschied nach mehr oder minder kurzer Zeit die Rückkehr des Elternteils folgt, entwickelt das Kind allmählich die Erwartung, dass die Trennung immer nur kurzfristig ist. Die Eltern sollten die Abschiedsszene kurz halten und an deren Ende das Kind der Bezugserzieherin übergeben. So signalisieren sie ihm, dass es bei ihr sicher und geborgen ist.

Keinesfalls sollte die Fachkraft einer traurig wirkenden Mutter ein weinendes Kind aus den Armen „reißen", denn „dann hat sie einen besonders schweren Stand: Sie trennt zwei Unglückliche, denen beiden der Abschied schwer fällt. Das ist eine schlechte Ausgangsposition für die Erzieherin, um Vertrauen zu gewinnen" (Ostermayer 2007, S. 64). Besser ist es, der Mutter zu signalisieren, dass sie bei den ersten zwei, drei Trennungen durchaus auch weinen darf und sich ihrer starken Emotionen nicht schämen muss.

Die Eingewöhnung kann dem Kind durch ein „Ich-Buch" (Bostelmann 2008) erleichtert werden, das Fotos vom engsten Familienkreis, von Haustieren und anderen „Liebesobjekten" enthält. Ein solches Album kann von den Eltern zu Hause, während des Aufenthalts im Kindergarten oder bei einem Elternabend angefertigt werden. Es wird für das Kind jederzeit erreichbar im Gruppenraum aufbewahrt. So fungiert das „Ich-Buch" als Brücke zwischen Tagesstätte und Familie. Aber auch Kuscheltiere oder Puppen, die von daheim mitgebracht werden, können eine solche Funktion erfüllen.

Die Eingewöhnung des Kindes ist abgeschlossen, wenn dieses die Bezugserzieherin als sichere emotionale Basis akzeptiert und sich von ihr trösten lässt. Nach dem INFANS-Modell (a.a.O.) sollte ein Kind, das ganztags betreut werden soll, dann aber noch mehrere Wochen lang nur halbtags den Kindergarten besuchen.

Es dürfte deutlich geworden sein, dass bei einer so gestalteten Eingewöhnung nicht nur die psychischen und emotionalen Belastungen für das Kind gering gehalten werden, sondern dass hier auch eine vertrauensvolle, kooperative Beziehung zwischen Eltern und Erzieher/innen entsteht. Dazu tragen auch die vielen *kurzen Gespräche* bei – wenn z.B. die Fachkräfte vom Verhalten des Kindes während der Trennungsphasen berichten oder wenn sie Fragen der Eltern beantworten. Diese können außerdem ihre Ängste, Sorgen, Hoffnungen und Wünsche äußern, die dann im Gespräch geklärt werden. Auf diese Weise findet auch eine „Eingewöhnung" der Eltern statt.

Hinzu kommt, dass die Eltern durch die mehrtägige Anwesenheit im Kindergarten die Räume und deren Ausstattung, die Abläufe und Rituale, die Ausgestaltung von Versorgungs- und Pflegetätigkeiten sowie die pädagogische Arbeit und die Spielangebote der Fachkräfte kennen lernen. In der Regel sind sie sich dann sicher, dass ihr Kind im Kindergarten gut aufgehoben ist und seine Entwicklung allseitig gefördert wird.

Probleme auf Seiten der Eltern

Zumeist sehen Eltern der regelmäßigen Trennung von ihrem Baby bzw. einjährigen Kind mit starken und häufig ambivalenten Emotionen entgegen. So fehlt insbesondere bei Müttern oft das *innere Einverständnis* mit einer so früh beginnenden „Fremdbetreuung": „Viele

Erzieherinnen kennen die morgendlichen Bringsituationen, welche die Ambivalenzen der Mütter widerspiegeln, nur zu gut. Die Mütter zögern die Verabschiedung nicht selten hinaus, weil sie das Kind eigentlich nicht gehen lassen können. Dadurch wird aber auch das Kind verunsichert. Es protestiert schließlich beim Weggang der Mutter und kann in der Zeit nach dem Abschied häufig nur verzögert oder in geringerem Maß spielen. Väter dagegen gehen mit dieser Situation oftmals souveräner um. Weil sie dem Kind offensichtlich die Bewältigung der Trennung eher zutrauen, gelingt ihm dies tatsächlich auch besser" (Ostermayer 2007, S. 60).

Zu dem unterschiedlichen Verhalten von Müttern und Vätern trägt sicherlich auch bei, dass Erstere eher mit Vorurteilen konfrontiert werden – bis hin zum Vorwurf, „Rabenmütter" zu sein. In Westdeutschland eher als in Ostdeutschland, in ländlichen Regionen eher als in größeren Städten gibt es noch große Vorbehalte hinsichtlich der „Fremdbetreuung" unter dreijähriger Kinder. „Auch Kinderärzte, die von den Eltern als Experten befragt werden, stützen mit ihrem Rat nicht selten die Bedenkenträger" (Andres 2008, S. 17). So geraten vor allem Mütter, die in einem traditionellen Umfeld leben, in einen Konflikt mit Großeltern, Verwandten oder Freunden – insbesondere wenn sie nicht aus finanziellen Zwängen, sondern aus dem eigenen Wunsch heraus wieder erwerbstätig werden möchten. Hingegen sind intrapsychische Konflikte stärker bei Frauen ausgeprägt, die wieder arbeiten gehen *müssen*, obwohl sie die frühe Trennung als schädlich für ihr Kind betrachten.

Deshalb sollten Erzieher/innen möglichst schon beim Aufnahmegespräch den Begriff „Fremdbetreuung" hinterfragen: Dass Eltern ihre Kinder „Fremden" anvertrauen, mag wohl für die ersten Tage der Eingewöhnung gelten; danach sind aber die Fachkräfte vertraute Personen für das jeweilige Kind. Ferner können Eltern darauf hingewiesen werden, dass auch Erzieherin-Kind-Beziehungen förderlich für die kindliche Entwicklung sind und Eltern-Kind-Bindungen nicht beeinträchtigen (Becker-Stoll/Textor 2007).

Insbesondere Mütter, die Elternzeit genommen und sich intensiv um ihr Baby gekümmert haben, empfinden oft eine tiefe innere

104

Leere und Trauer, wenn sie ihr Kind mit einem Jahr in Tagesbetreuung geben. Oft können sie sich zunächst nicht auf ihre Berufsarbeit konzentrieren, schauen sie fortwährend auf ihr Handy und warten auf einen Anruf, dass sie so schnell wie möglich in den Kindergarten kommen sollen, weil ihr Kind untröstlich weine. Ihre große innere Anspannung zeigt sich auch darin, dass die Stunden ohne Kind nur sehr langsam zu vergehen scheinen.

Solche Mütter benötigen viel emotionale Unterstützung und Stärkung seitens der Fachkräfte. Sie brauchen auch die Erlaubnis zu weinen – aber möglichst nicht in Anwesenheit des Kindes. Vor allem aber benötigen sie die Zusicherung, dass die Tagesbetreuung nicht die enge Bande zwischen Mutter und Kind beeinträchtigen wird. Und schließlich muss ihnen das Gefühl vermittelt werden, dass sie mit gutem Gewissen die Sorge um das Wohlergehen ihres Kindes einer professionellen Fachkraft anvertrauen können.

„Aber auch, wenn Mutter und Vater absolut von der Richtigkeit ihres Schrittes überzeugt sind, ihnen die Kindertagesstätte gut gefällt, das pädagogische Konzept der Kita mit ihren eigenen Überzeugungen übereinstimmt und sie die Bezugserzieherin ihres Kindes sympathisch finden, können sie einem Wechselbad der Gefühle ausgesetzt sein" (Andres 2008, S. 18). So fällt es vielen Eltern schwer, emotional zu akzeptieren, dass sich eine Beziehung zwischen Erzieherin und Kind entwickelt und die Fachkraft zu einer wichtigen Person im Leben ihres Kindes wird.

Wenn Eltern in den Wochen nach der Eingewöhnung beobachten, dass ihre Kinder starke positive Gefühle für „ihre" Erzieherin zeigen, diese beim Bringen anstrahlen und auf sie zu krabbeln oder laufen und beim Abholen Abschiedsschmerz zeigen, dann haben sie manchmal Angst, die Liebe ihres Kindes an die Fachkraft zu verlieren. Solche Befürchtungen sind durchaus ernst zu nehmen, da insbesondere bei einer ganztägigen Betreuung ab dem Babyalter starke Bindungen des Kindes an seine Bezugserzieherin entstehen können. Hinzu kommt, dass manche Eltern, die eine Fachkraft als Konkurrentin um die Liebe ihres Kindes erleben, aus ihrer Eifersucht heraus nahezu zwanghaft nach irgendwelchen Mängeln und Fehlern suchen und dann verärgert oder gar aggressiv reagieren. Gelegentlich nehmen sie ihre Kritik sogar als Begründung her für die Kündigung des Betreuungsvertrages.

Es ist somit wichtig, dass solche Konkurrenzgefühle und Verlustängste frühzeitig wahrgenommen werden und dass sensibel auf sie reagiert wird. Insbesondere die Bezugserzieherin muss immer wieder betonen, dass sie nicht mit den Eltern um die Zuneigung des Kindes wetteifert und dass die Beziehung des Kindes zu ihr kurzfristig ist und zweitrangig im Vergleich zu seinen Bindungen an die Eltern bleibt. Auch sollte sie immer wieder die Betreuungs- und Erziehungsleistung der Eltern anerkennen. Ferner kann in elternbildenden Gesprächen verdeutlicht werden, wie die den Eltern mit dem Kind verbleibende Zeit genutzt werden kann, um Bindungen zu stärken. Dazu kann auch die Bezugserzieherin beitragen, indem sie z.b. immer wieder das „Ich-Buch" (s.o.) mit dem Kind anschaut, mit Zweijährigen über deren Familie spricht oder besondere Familientraditionen aufgreift.

Ein weiteres Problem ist, dass sich mehrere Monate nach der Eingewöhnung ihres ein- oder zweijährigen Kindes viele Eltern in ihrer Erzieherrolle verunsichert fühlen: Vor der Aufnahme des Kindes waren sie „unbestritten die größten Experten, wie man ihr Kind am besten schlafen legt, wickelt, unterhält, bespaßt. Das Erlernen der Elternrolle hat ihnen Selbstvertrauen geschaffen. Nun scheint diese neue Fähigkeit, für ein Kind gut zu sorgen, in Frage gestellt zu werden: Bei denen schläft sie einfacher ein, isst besser..." (Bostelmann 2008, S. 103). Dies verunsichert die Eltern, lässt sie an ihren eigenen Fähigkeiten zweifeln. Dann benötigen sie verbale und nonverbale Bestätigung seitens der Erzieher/innen, dass sie alles richtig machen und ihr Kind gut erziehen. Die Fachkräfte hätten nur einen anderen Erziehungsstil, müssten in der Kindergruppe anders arbeiten, hätten einen Bildungsauftrag...

Problematischer ist, wenn ein erstgeborenes Baby bereits wenige Wochen nach seiner Geburt in Tagesbetreuung gegeben wird. Dann konnten sich Eltern und Kind noch nicht aneinander gewöhnen, konnten Erstere bisher kaum Kompetenzen im Umgang mit Letzte-
106

rem entwickeln, entstand keine elterliche „Expertenschaft". Und dann beobachten diese Eltern, wie feinfühlig, sicher und professionell Erzieher/innen die Bedürfnisse ihres Kindes befriedigen, mit ihm spielen und ihm Lernerfahrungen vermitteln! Vor allem wenn das Baby ganztags betreut wird und somit an Werktagen nur wenige Stunden zu Hause verbringt, werden sich viele Eltern fragen, ob sie jemals auch nur annähernd so gut im Umgang mit ihrem Kind werden. In diesen Fällen ist es wichtig, dass die Erzieher/innen ein offenes Ohr für solche Befürchtungen haben. Nur dann können sie den Eltern die Zuversicht vermitteln, dass sie in ihre Elternrolle hineinwachsen werden, können sie offen für deren Fragen und Probleme mit dem Kind sein. Und dann werden sie sich auch die Zeit für viele kurze elternbildende Gespräche nehmen.

Andere Eltern, „die an ihren eigenen erzieherischen Fähigkeiten zweifeln, verbergen diese Unsicherheit möglicherweise, indem sie besonders klug und sachkundig oder sogar aggressiv auftreten" (Gonzales-Mena/Widmeyer-Eyer 2008, S. 489). Hier müssen Erzieher/innen durch die Fassade hindurch zu den darunter liegenden Zweifeln dringen. Nur wenn sie diese aufdecken und Verständnis für die Unsicherheit der Eltern zeigen, werden Letztere offen für Beratungsgespräche oder elternbildende Angebote.

Deutlich wird, dass die Zusammenarbeit mit Eltern bei der Aufnahme unter Dreijähriger anspruchsvoller, komplizierter und zeitaufwändiger ist als bei der Aufnahme älterer Kinder. Da Gruppen mit Kindern unter drei Jahren in der Regel kleiner sind, steht allerdings auch mehr Zeit für Elternkontakte zur Verfügung.

Probleme auf Seiten der Erzieher/innen

Die Erziehungspartnerschaft zwischen Kindergarten und Familie wird aber nicht nur durch die gerade skizzierten Schwierigkeiten von Eltern erschwert, sondern auch durch Probleme auf Seiten der Fachkräfte. Dazu können z.B. ihre Werte und Einstellungen beitragen: Manche Erzieher/innen sind im Grunde ihres Herzens gegen die „Fremdbetreuung" von Babys, Einjährigen und oft auch von Zweijährigen. Sie sind besonders kritisch Müttern gegenüber eingestellt, die halb- oder ganztags arbeiten gehen, obwohl es hierfür keinen finanziellen Grund zu geben scheint, oder die ein Kind ganztägig betreuen lassen, obwohl sie nachmittags zu Hause sind.

Wenn Fachkräfte fest davon überzeugt sind, dass unter Dreijährige bei ihren Eltern am besten aufgehoben seien, sollten sie nicht gezwungen werden, solche Kinder zu betreuen. Ansonsten können diese Einstellungen, insbesondere wenn sie vorbewusst, unreflektiert oder mit starken negativen Gefühlen verbunden sind, die Beziehung zu den Eltern belasten und zu Konflikten führen. Insbesondere in Problemsituationen könnten sich die Fachkräfte dann „mit dem Kind identifizieren und den Eltern gegenüber eine überkritische Haltung entwickeln (nach dem Motto: ,Das arme Kleine – muss so früh schon unter fremde Menschen, wird so früh schon abgeschoben...')" (Ostermayer 2007, S. 164). Deshalb sollten sich Erzieher/innen kritisch mit solchen Einstellungen auseinandersetzen und sich von ihnen frei machen. Das Ziel ist, vorurteilsfrei auf *alle* Eltern zuzugehen, ihre Lebenssituation zu verstehen suchen, sie bei der Familienerziehung zu unterstützen und ihre Kinder bestmöglich zu betreuen, zu erziehen und zu bilden.

Eine besondere Problematik entsteht, wenn Erzieher/innen mit den Eltern um die Liebe eines Kindes wetteifern oder sich gar als die „besseren Eltern" erleben. Sie entwickeln intensive Bindungen zu dem jeweiligen Kind, insbesondere wenn sie es ganztags betreuen. Laut Ostermayer (2007) sollte sich eine Fachkraft jedoch „niemals unentbehrlich machen, nicht klammern oder gar gluckenhaft ,ihre' Kinder um sich scharen. Um hier eventuell entstehende Abhängigkeiten von der Bezugserzieherin zu vermeiden, die sich dann bei deren Fehlen – z.B. wegen Krankheit – für das Kind recht dramatisch auswirken können, empfiehlt es sich, parallel zum Kontakt mit der Bezugserzieherin einen guten und ausgewogenen Kontakt zu einer zweiten Erzieherin herzustellen" (S. 63).

Es ist also wichtig, dass Fachkräfte sich selbst beobachten und kontrollieren, ob sie nicht zu intensive Gefühle für ein einzelnes Kind entwickeln und es zu sehr an sich selbst binden. Keinesfalls dürfen sie ein Kind in Loyalitätskonflikte stürzen oder gar versuchen, seine Eltern zu „ersetzen". Wohl ist eine enge Beziehung zur Erzieherin für ein Kind förderlich, diese sollte aber von der Fachkraft immer *professionell* ausgestaltet werden. Zudem haben *alle* Kinder in ihrer Gruppe Anspruch auf ein vergleichbares Maß an Zuwendung und Zuneigung.

Insbesondere wenn Erzieher/innen das Erziehungsverhalten der Eltern negativ sehen oder glauben, dass diese ihre Kind vernachlässigen, haben sie oft den (unbewussten) Wunsch, das Kind vor seinen Eltern zu „retten". Sie treffen dann manchmal Entscheidungen bezüglich des Kindes, ohne zuvor die Eltern zurate zu ziehen. Häufig versuchen sie auch, die Eltern zu ändern und umzuerziehen. Da diese aber fühlen, dass die Fachkräfte sich ihnen gegenüber überlegen fühlen und auf sie herabschauen, verschließen sie sich vielfach gegenüber einer solchen Einflussnahme.

Zudem scheinen positive bzw. negative Einstellungen von Erzieher/innen gegenüber Eltern nicht immer objektiv zu sein, wie Ahnert und Gappa (2008) bei ihrer Krippenuntersuchung ermittelten: „In der Studie wurde jede Erzieherin in ihrer Beziehungsgestaltung sowohl zu einem Jungen als auch einem Mädchen aus der Kindergruppe eingeschätzt. Wir mussten nun feststellen, dass die besseren Beziehungsqualitäten mit den Mädchen, die schlechteren mit den Jungen zustande gekommen waren und dies offensichtlich auch die Grundlage für die Bewertung der Beziehungen zu den Eltern war" (S. 91). Die Erzieher/innen waren also den Eltern von unter dreijährigen Buben gegenüber negativer eingestellt als gegenüber den Eltern der gleichaltrigen Mädchen. Aber auch wenn die Fachkräfte mit bestimmten Eltern besonders gut auskamen, wurde die Beziehung zu deren Kindern eher positiv bewertet.

Ahnert und Gappa (2008) folgerten: „Diese neue Erkenntnis legt den Schluss nahe, dass Erzieherinnen größtenteils die Erziehungspartnerschaft in subjektiver und intuitiver Weise gestalten und nicht, wie man es von einem professionellen Handeln erwarten würde, objektiv und reflektiert. Wäre die Gestaltung reflektiert, hätten wir

Erziehungspartnerschaften finden müssen, die unabhängig von den Charakteristiken des Kindes sind und folglich keine systematischen geschlechtsspezifischen Unterschiede aufzeigen" (S. 91). Diese Krippenstudie entspricht vielen anderen Untersuchungen, nach denen Jungen negativer als Mädchen beurteilt werden (vgl. Matzner/Tischner 2012). Fachkräfte sollten nicht nur solche Haltungen überprüfen, sondern sich auch davor hüten, negative Gefühle gegenüber dem Kind in die Beziehung zu seinen Eltern einfließen zu lassen. Genauso wenig dürfen sie sich von einer kritischen Beurteilung des Erziehungsverhaltens von Eltern in ihrer Einstellung und in ihrem Handeln gegenüber dem jeweiligen Kind beeinflussen lassen.

Die Weiterentwicklung der Erziehungspartnerschaft

Nach Abschluss der Eingewöhnung sollte deren Verlauf mit den Eltern in einem längeren Gespräch reflektiert werden (vgl. Kapitel 2.2). Dabei sollte betont werden, dass das Kind nun einen wichtigen Entwicklungsschritt erfolgreich abgeschlossen hat.

Da unter dreijährige Kinder viele Fragen der Erzieher/innen und Eltern noch nicht (angemessen) beantworten können, kommt den *Tür- und Angel-Gesprächen* eine besonders große Bedeutung zu: Am Morgen berichten die Eltern über die Stunden vor der Betreuung („Heute Nacht hat mein Kind kaum geschlafen", „Am Morgen hat Susanne überhaupt keinen Appetit gehabt", „Das Wochenende haben wir bei meiner Schwester verbracht. Die Kusinen haben Markus fortwährend durch die Gegend geschleppt"). Am Nachmittag bzw. Abend erzählen die Erzieher/innen vom Verlauf des Kindergartentages. Dabei sollten sie auf die Gefühle von Eltern Rücksicht nehmen, die wichtige Ereignisse im Leben ihres Kindes – das erstmalige Krabbeln, das erste Wort, den ersten Schritt, den ersten vollständigen Satz – nicht miterlebt haben. Auch wenn „niedliche" Anekdoten erzählt werden, muss eine mögliche Enttäuschung der Eltern antizipiert werden, die diese Erlebnisse verpasst haben. Werden hingegen negative Ereignisse berichtet – z.B. dass das Kind ein anderes Kind gebissen hat –, darf den Eltern kein schlechtes Gewissen gemacht werden: Die Fachkraft muss betonen, dass das Kind nicht „böse" ist, sondern sich noch nicht auf eine andere Weise gegenüber einem anderen Kind durchzusetzen wusste.

Aufgrund der sehr schnellen Entwicklung von unter dreijährigen Kindern sollten mehr *Termingespräche* als bei älteren Kindern vereinbart werden (vgl. Kapitel 2.2). Auf der Grundlage systematischer Beobachtungen, von Portfolios, Lerngeschichten, Einschätzskalen und Fotodokumentationen wird dann die Entwicklung des Kindes reflektiert. Sinnvoll ist, wenn sich auch die Eltern mit Fotos, Kinderzeichnungen oder kurzen Texten über bedeutsame Erlebnisse mit dem Kind am Portfolio beteiligen und so einen Einblick in die Entwicklung des Kindes in seiner Familie geben. Außerdem kann ihnen vor dem Termingespräch ein Entwicklungsbogen mitgegeben werden, den sie zu Hause ausfüllen sollen. Dann können ihre Einschätzungen mit denen der Fachkräfte verglichen werden. Zum Schluss des Gesprächs können sich Erzieher/innen und Eltern besondere Ziele für die kommenden Wochen setzen und über Aktivitäten sprechen, mit deren Hilfe diese erreicht werden können.

Da insbesondere vollerwerbstätige Eltern vergleichsweise wenig Zeit mit ihrem unter dreijährigen Kind verbringen, ist es wichtig, auch die Bindungsentwicklung zu beobachten. Bei Termingesprächen sollten Erzieher/innen den Begriff der „Qualitätszeit" einführen und betonen, wie wichtig es sei, sich zumindest während einiger Stunden pro Woche intensiv mit dem Kind zu beschäftigen und dann nur für es da zu sein.

Elternbildung

Je früher und je länger (von der Stundenzahl her) ein unter dreijähriges Kind in Tagesbetreuung gegeben wird, umso weniger Zeit bleibt den Eltern, pflegerische und erzieherische Kompetenzen zu entwickeln. Dies gilt vor allem für den Fall, dass es sich um ein

Erstgeborenes handelt und somit die Elternrolle noch erlernt werden muss. Zudem haben heute – im Gegensatz zu früher – viele junge Erwachsene vor der Geburt ihres ersten Kindes kaum Kontakt zu Babys oder Kleinkindern gehabt, sodass unter Dreijährige für sie im wahrsten Sinne des Wortes „unbekannte Wesen" sind.

Da Babys, Ein- und Zweijährige Bedürfnisse und psychische Prozesse vorwiegend nonverbal äußern, fällt es manchen dieser Eltern schwer, ihr Kind zu verstehen – sie haben noch zu wenig Sensibilität und Intuition ausgebildet, können sich nicht in es einfühlen, sehen nicht die Nuancen in seinen Verhaltensweisen und können viele von ihm gesendete Botschaften nicht entziffern. So wissen sie häufig nicht, was es will. Dann fühlen sich Eltern ihrem Kind gegenüber hilflos und haben Angst, etwas falsch zu machen. Sie reagieren nach dem Prinzip von Versuch und Irrtum – und oft irren sie sich...

Während Interaktionen zwischen erfahrenen Müttern und ihren Babys wie ein komplizierter Tanz wirken, bei dem jede Reaktion der einen Seite auf die vorausgegangene Verhaltensweise der anderen Seite fein abgestimmt wird, sind die Interaktionen in den vorgenannten Fällen nicht so „getuned", wirken die Mütter manchmal unbeholfen oder als ob sie nicht mehr weiter wissen.

Bei vielen Eltern, die ihre Kinder bereits im ersten oder zweiten Lebensjahr in Tagesbetreuung geben, scheint der Informations- und Beratungsbedarf also größer zu sein als bei Eltern, die ihr Kind erst nach Vollendung des dritten Lebensjahres bei einer Tagesstätte anmelden. Wie bereits erwähnt, müssen deshalb Erzieher/innen für sie mehr Zeit für Tür- und Angel-, Entwicklungs- und Beratungsgespräche veranschlagen. Ferner sollten sie mehr elternbildende Angebote für diese Eltern machen (vgl. Kapitel 2.7). Bei der *medialen Elternbildung* hängen Erzieher/innen z.B. Poster auf, die Eltern über wichtige Entwicklungsschritte von Babys, Ein- und Zweijährigen informieren und möglichst auch Aktivitäten auflisten, mit deren Hilfe Eltern die kindliche Entwicklung fördern können. Ferner werden im Eingangsbereich, in einer Elternsitzecke, in einem Elterncafé oder in einer Elternbibliothek Broschüren, Zeitschriften und Bücher ausgelegt, in denen wichtige entwicklungspsychologische und frühpädagogische Erkenntnisse gut verständlich vermittelt werden. Auch bei diesen Materialien ist wichtig, dass sie leicht durchzuführende Eltern-Kind-Aktivitäten enthalten. So sollten Eltern z.b. erfahren, wie sie mit unter dreijährigen Kindern spielen, malen, musizieren und singen können oder wie sie am besten die motorische und die Sprachentwicklung fördern.

Wurde eine Elternbücherei eingerichtet, so können Eltern diese Ratgeber auch ausleihen. Noch besser ist, wenn sie hier außerdem Bilder- und Vorlesebücher, Kinderspiele und Musik-CDs vorfinden, die sie mit nach Hause nehmen können. Mancherorts gibt es auch Vitrinen mit Alltagsgegenständen wie z.B. Sanduhren, Balkenwaagen, Sieben, Kreiseln, Gießkannen, Steinsammlungen oder unterschiedlich großen Dosen, die von den Eltern ausgeliehen und zu Hause mit ihren Kindern erforscht werden können (Elschenbroich 2010). So wird Bildung in die Familien „exportiert".

Eine *indirekte Elternbildung* findet in all den Situationen statt, wo Eltern Erzieher/innen im Umgang mit Kindern beobachten können – also während der Eingewöhnung, beim Bringen und Abholen, während einer Hospitation. Hier können Eltern am Vorbild der Fachkräfte erfahren, wie man richtig mit unter Dreijährigen umgeht, wie man sie versorgt, erzieht und bei ihren Lernaktivitäten begleitet – und Modelllernen ist eine besonders effektive Form des Lernens!

Indirekte Elternbildung findet auch statt, wenn Eltern und Kinder zu einem Spielvormittag oder Ateliernachmittag eingeladen werden, wobei solche Veranstaltungen wegen der Erwerbstätigkeit beider Eltern vorwiegend am Wochenende angeboten werden müssen. Hier lernen Eltern nicht nur am Vorbild der Erzieher/innen, sondern auch durch die Beobachtung anderer Eltern. Da sie in ihren Aktivitäten mit den Kindern angeleitet werden, eignen sie sich zugleich neue Spiele und Methoden an.

Eine weitere Form der indirekten Elternbildung wird von Bostelmann (2008) beschrieben: „Ein *Bastelabend für Eltern* gibt ihnen die Möglichkeit, die Spielmaterialien, die ihr Kind in der jeweiligen

Entwicklungsphase benötigt, selbst herzustellen. Einsteckdosen, Aktionstabletts oder Pappkartonhöhlen selbst zu bauen und dann im Einsatz in Krippe oder zu Hause zu erleben, ist für Eltern eine wichtige Erfahrung, die sie bestätigt und ihnen als Partner im Erziehungsprozess eine wichtige Rolle zuweist" (S. 110).

Oftmals werden *direkte Formen der Elternbildung* mit indirekten verknüpft: So können Eltern z.B. während der Hospitation oder an einem Spielnachmittag Beobachtungsaufträge bekommen: „Womit spielt mein Kind? Wie hat es versucht, mich in sein Spiel einzubinden? Konnte ich ihm neue Spielideen vermitteln?" In einem kurzen Gespräch nach der Hospitation werden dann die gemachten Beobachtungen besprochen und Fragen der Eltern beantwortet. Nach einem Spielnachmittag bietet sich hingegen eine Gruppendiskussion an. Hier können Eltern auch gezielt über bestimmte Themen informiert werden – z.B. über die Sprachentwicklung unter Dreijähriger, über das Malen von Kopffüßlern oder über die Förderung motorischer Aktivitäten.

Insbesondere Eltern, die ihre Kinder mittags abholen, greifen gerne (Spiel-) Anregungen der Erzieher/innen auf. Werden sie – z.B. durch einen Aushang oder ein Gruppentagebuch – darüber informiert, welche pädagogischen Aktivitäten am Vormittag durchgeführt wurden, setzen sie diese oft daheim fort. Hier ist es hilfreich, wenn Eltern z.B. gerade verwendete Lied- und Notentexte, Spielanleitungen oder Beschreibungen von Beschäftigungen in Kopie mitnehmen können. Auf diese Weise wird die Bildungszeit des Kindergartens in die Familie hinein verlängert.

2.11 Elternarbeit mit Familien mit Migrationshintergrund

Die Vielzahl und Komplexität heutiger Familienrealitäten bedingt, dass sich Erzieher/innen mit der individuellen Situation einer jeden Kindergartenfamilie auseinandersetzen müssen. Dies gilt vor allem für Familien mit Migrationshintergrund, da hier Kinder besondere

Sozialisationsbedingungen vorfinden: Oft prägt die ethnische Zugehörigkeit noch in hohem Maße die Identität der Familienmitglieder, ihre Sicht der Welt sowie ihre Geschlechtsrollenleitbilder, familialen Machtverhältnisse, Erziehungsziele, Werte, Normen und Familientraditionen. Die Religion spielt häufig eine große Rolle und bestimmt das Verhalten des Einzelnen und das Zusammenleben in der Familie. Außerdem werden die Familienmitglieder mit besonderen Problemen wie z.B. Sprachschwierigkeiten, mangelnder Integration und Diskriminierung konfrontiert.

Die *Analyse der Lebenssituation* von Familien mit Migrationshintergrund ist sehr aufwendig, da

- sich diese je nach Herkunftsland und Religion stark unterscheidet – vieles wirkt fremd und andersartig, ist für Deutsche schwer verständlich oder entspricht nicht den westlichen Vorstellungen und Werten.

- die derzeitigen Lebensbedingungen sehr unterschiedlich sind, je nachdem ob es sich z.B. um vor ein, zwei oder drei Generationen zugewanderte Familien, Asylant/innen, Flüchtlinge oder Asylbewerber/innen handelt.

- die sozioökonomischen Verhältnisse ganz verschieden sind – beispielsweise können zugewanderte Akademiker/innen und Selbständige der (oberen) Mittelschicht angehören, während Asylbewerber/innen über nur wenig Geld verfügen und in Sammelunterkünften wohnen.

- der Grad der Integration unterschiedlich ist: beispielsweise kaum vorhanden bei Asylbewerber/innen und Flüchtlingen mit unsicherem Aufenthaltsstatus bzw. drohender Ausweisung; innere Zerrissenheit zwischen deutscher und Herkunftskultur bei Arbeitsmigrant/innen, die sich noch die Rückkehroption offen halten; vollständige Eingliederung bei vielen Zuwanderer/innen der zweiten und dritten Generation aus südeuropäischen Ländern.

- die Deutschkenntnisse sehr verschieden sind – Verständigungsschwierigkeiten lassen oft keine tiefer gehenden Gespräche zu.

Jedoch lohnt sich der Aufwand einer Analyse der Lebenssituation von Familien mit Migrationshintergrund: Zum einen versteht die Erzieherin das jeweilige Kind, seine Bedürfnisse und sein Verhalten besser. Zum anderen entwickelt sie mehr Verständnis für seine Eltern und deren Lebensbedingungen. Beispielsweise wird dann die geringe Teilnahme von Eltern mit Migrationshintergrund an Aktivitäten des Kindergartens nicht länger als Desinteresse eingestuft, sondern vielmehr als Reaktion auf Erfahrungen der Ablehnung und Diskriminierung oder als durch Verständigungsschwierigkeiten bedingt verstanden. Oder es wird erkannt, dass sich manche Eltern mit Migrationshintergrund bei Elternabenden und vergleichbaren Angeboten durch die sprachgewandten deutschen (Mittelschichts-) Eltern dominiert und eingeschüchtert fühlen, sodass sie diesen Veranstaltungen fernbleiben. Dementsprechend beschränkt sich der Kontakt zwischen Migrant/innen und Deutschen oft auf das Grüßen beim Bringen und Abholen der Kinder.

Zudem gewinnt die Erzieherin bei der Analyse der fremden Kultur viele Ideen für die interkulturelle Erziehung, die nicht nur Abwechslung in den Kindergartenalltag bringt, sondern auch die Kinder auf das Leben in einer multikulturellen Gesellschaft, im vereinten Europa und in einer immer kleiner werdenden Welt vorbereitet.

Häufig ist es für Erzieher/innen nicht einfach, ein *Vertrauensverhältnis* zu Eltern mit Migrationshintergrund aufzubauen. Hier erweist es sich als besonders wichtig, nicht bei den Defiziten dieser Familien anzusetzen, sondern nach ihren Fähigkeiten zu schauen und ihnen zu helfen, ein Gefühl der Sicherheit als Basis für die Kommunikation mit anderen Eltern und den Mitarbeiter/innen des Kindergartens zu entwickeln. Ferner muss Eltern mit Migrationshintergrund der Eindruck vermittelt werden, dass die Erzieher/innen ihre Kultur und Religion tolerieren und ihre Herkunftssprache achten.

Letzteres ist auch wichtig hinsichtlich der *Sprachförderung* der Kinder: Diese werden oft nur dann ein gutes Deutsch lernen, wenn sie ihre Erstsprache gut beherrschen – deshalb darf diese nicht abqualifiziert werden, sondern sollte gelegentlich im Kindergarten verwendet werden (s.u.).

Für den Aufbau einer Erziehungs- und Bildungspartnerschaft mit Eltern mit Migrationshintergrund ist das Einzelgespräch mit der Erzieherin – insbesondere das Tür- und Angel-Gespräch – von besonderer Bedeutung. In der Regel muss zunächst die Erzieherin auf die Eltern zugehen. Auch darf sie deren eventuelle Zurückhaltung nicht als Desinteresse interpretieren: In manchen Ländern werden Kinder nur im Eingangsbereich der Kindertageseinrichtung abgegeben, dürfen Eltern den Gruppenraum nicht betreten, gibt es keine Tür- und Angel-Gespräche und keine intensive Elternarbeit. Aus diesen Ländern zugewanderte Eltern glauben oft (zunächst), sie müssten auch in Deutschland Distanz zu den Erzieher/innen halten, denen zudem ein höherer Status zugesprochen wird.

Häufig haben die Eltern aber auch negative Vorerfahrungen mit Deutschen gemacht, sehen sie die Fachkraft zuerst als Repräsentantin des Staates an oder haben Angst vor Einmischung in ihre Familienverhältnisse.

So dauert es manchmal recht lang, bis die Erzieherin das Vertrauen der Eltern gewinnen kann. Zumeist gibt es aber viele Gelegenheiten, wo sie z.B. erfreuliche Vorkommnisse oder Fortschritte in der Entwicklung des jeweiligen Kindes in Tür- und Angel-Gesprächen erwähnen kann, sodass die Eltern erfahren, dass ihr Kind – und damit sie selbst – positiv wahrgenommen werden. Auch Hilfestellungen wie das Erklären eines amtlichen Schreibens, Hinweise auf Sozialleistungen, das gemeinsame Ausfüllen eines Formulars oder das Erledigen eines Behördentelefonats tragen zur Entstehung einer intensiveren Beziehung bei.

In der Kindertagesstätte sollte ein Klima herrschen, das dem Kind und seinen Eltern vermittelt, dass sie angenommen werden und Interesse an ihnen, ihrer Herkunft und ihrer Sprache besteht. Dies wird vor allem durch die *Einbeziehung der Eltern in den Kindergartenall-tag* erreicht (vgl. Kapitel 2.4). Sie

- präsentieren Videos oder Bilder aus ihrem Herkunftsland und erklären den Kindern fremdartige Baustile, Sitten, Feste und Feiern,
- lehren den Kindern fremdsprachige Abzählverse, Lieder und Gedichte,
- erzählen ein Märchen aus ihrem Herkunftsland,
- singen ein fremdsprachiges Kinderlied,
- stellen für ihr Herkunftsland typische Musikinstrumente vor,
- spielen mit den Kindern ein Spiel aus ihrer eigenen Kindheit oder
- kochen mit oder für die Kinder eine Spezialität aus ihrem Herkunftsland.

Der kontinuierliche Kontakt zwischen Erzieherin und Eltern und das Einbeziehen der Eltern in den Kindergartenalltag – auch durch reine Hospitationen – sind bei Familien mit Migrationshintergrund besonders wichtig. Nur auf diese Weise kann nämlich erreicht werden, dass die Eltern das pädagogische Konzept sowie die Erziehungsziele und -methoden der Fachkräfte kennen lernen. So können viele Eltern mit Migrationshintergrund aufgrund mangelnder Sprachkenntnisse die Konzeption und andere schriftliche Materialien des Kindergartens nicht lesen, mag die Kindertagesbetreuung im jeweiligen Herkunftsland ganz anders organisiert und gestaltet werden als jetzt in Deutschland.

Außerdem macht die Präsenz der Eltern im Kindergarten (bzw. ihre Einbindung in die pädagogische Arbeit) nicht nur das jeweilige Kind stolz, sondern ist für es auch der beste „Beweis", dass Erstsprache und Herkunftskultur seiner Familie akzeptiert werden. Es ist dann offener für die deutsche Sprache und Lebensweise.

Erziehung und Elternarbeit werden somit zu einem *Balanceakt zwischen verschiedenen Kulturen*. Die Erzieher/innen sollten die Werte, die religiösen Vorstellungen, den Erziehungsstil und das Verhalten der Eltern mit Migrationshintergrund tolerieren – schließlich soll das jeweilige Kind nicht aus seinem gewohnten sozialen Umfeld „herausgefördert" werden. Dies bedeutet natürlich nicht, dass sie sich bei seiner Erziehung nun an *allen* Wünschen seiner Eltern orientieren – sie lehnen vor allem solche ab, die stark gegen westliche Werthaltungen verstoßen: Da die Geschlechtsrollenleitbilder streng muslimischer Familien mit denen deutscher Kindergärten unvereinbar sind, können die Fachkräfte beispielsweise bestimmte Erwartungen hinsichtlich der geschlechtsspezifischen Erziehung nicht erfüllen. Knisel-Scheuring (2002) empfiehlt: „Signalisieren Sie den Eltern Interesse an ihrem kulturellen Hintergrund, gehen Sie jedoch sensibel und einfühlsam dabei vor. Sollten Eltern unannehmbare Forderungen stellen, zeigen Sie klar die Grenzen der Einrichtung auf. Sensibilität im Umgang mit der anderen Kultur bedeutet nicht uneingeschränkte Toleranz" (S. 28).

Termingespräche und andere Formen der Elternarbeit

Trotz aller Sprachprobleme sollten regelmäßig Termingespräche mit Eltern mit Migrationshintergrund geführt werden – unter Umständen unter Einsatz von Dolmetscher/innen. Diese Funktion kann z.B. von einer „Kindergartenmutter" aus dem jeweiligen Land, die schon länger in Deutschland lebt, übernommen werden. Insbesondere vor Konflikt- oder Beratungsgesprächen muss aber sichergestellt werden, dass die Eltern diese ihnen ja bekannte Person als Dolmetscherin akzeptieren.

Generell ist für Gespräche mit Eltern mit Migrationshintergrund mehr Zeit anzusetzen als für Gespräche mit deutschen Eltern, vor allem wenn übersetzt werden muss, aber auch weil oft Missverständnisse auszuräumen sind und vieles erklärt werden muss, was sonst selbstverständlich ist (z.B. Charakteristika der jeweiligen Kultur, gesellschaftliche Rahmenbedingungen, soziale Dienstleistungen). Schlösser (2004) macht darauf aufmerksam, dass zugewanderte Familien häufig Gastfreundschaft erwarten, dass also Gebäck und Getränke bereitgestellt werden sollten. Auch schütteln in manchen Kulturen Männer nicht die Hände verheirateter Frauen, wird Blickkontakt vermieden oder ist ein viel näherer Abstand zwischen den Gesprächspartner/innen als in Deutschland üblich.

In Termingesprächen sollte es zum einen um das Kind, seine Entwicklung und sein Verhalten, seine Integration und eventuelle Probleme gehen (vgl. Kapitel 2.2). Hier gilt es vor allem, den Eltern die Notwendigkeit eines regelmäßigen Kindergartenbesuchs und der Sprachförderung zu verdeutlichen. Nur wenn das Kind jeden Tag in die Kindertagesstätte kommt und wenn die Eltern eine positive Grundhaltung gegenüber der deutschen Sprache zeigen, dem Kind deutschsprachige (Bilder-) Bücher, DVDs und Musik-CDs schenken und ihm auch privat den Kontakt zu deutschen Kindern ermöglichen, wird dieses die deutsche Sprache gut lernen – eine der wichtigsten Voraussetzungen für den späteren Schulerfolg. Zum anderen kann über die Lebenssituation der Eltern, ihre Kultur und ihre Erziehungsfragen gesprochen werden. Bei Problemen kann die Erzieherin oftmals weiterhelfen und z.B. den Kontakt zu einer Beratungsstelle für Migranten, zum Sozialamt, zur Frühförder- oder Erziehungsberatungsstelle vermitteln. Auch kann sie auf Sprachkurse an Volkshochschulen und anderen Einrichtungen verweisen (oft mit paralleler Kinderbetreuung, häufig auch als reines Angebot für Frauen).

Wenn bei Elternabenden andere Kindergarteneltern dolmetschen – z.B. in so genannten „*Murmelgruppen*", wo sie hinter oder neben den Eltern mit Migrationshintergrund sitzen und simultan übersetzen –, werden auch Personen mit geringen Deutschkenntnissen an solchen Veranstaltungen teilnehmen. Die Erzieher/innen sollten während des Elternabends möglichst langsam und in kurzen Sätzen sprechen sowie die Dolmetscher/innen vorab über die wichtigsten Inhalte informieren. Ist ein Übersetzen nicht möglich, können Fachkräfte Eltern mit Migrationshintergrund ein Kleingruppengespräch direkt in Anschluss an den Elternabend anbieten, in dem sie das Diskussionsergebnis in einfachen Worten zusammenfassen, Fragen beantworten und zusätzliche Erläuterungen geben.

Ferner können Veranstaltungen wie Elternabende und *Gesprächskreise nur für Eltern mit Migrationshintergrund* angeboten werden (vgl. Kapitel 2.6). Hier können pädagogische Themen wie die Förderung der Mehrsprachigkeit der Kinder diskutiert werden, aber auch Fragen, die eher die Eltern betreffen (z.b. deren Integration in die Gesellschaft). Wenn festgestellt wird, dass Eltern mit Migrationshintergrund einen besonderen Informationsbedarf haben, der seitens der Erzieher/innen nicht abgedeckt werden kann, ist es manchmal sinnvoll, Mitarbeiter/innen des Ausländer-, Sozial- oder Wohnungsamtes, Mitglieder des Ausländerbeirats, Fachleute der Wohlfahrtsverbände, Ärzte oder Erziehungsberater/innen einzuladen.

Veranstaltungen für Eltern mit Migrationshintergrund können auch einen eher geselligen Charakter haben und dann regelmäßig (z.B. einmal im Monat) stattfinden. Zumeist ist es sinnvoll, den Teilnehmerkreis auf Mütter zu begrenzen, damit auch Frauen aus streng muslimischen Familien kommen können. Bei Tee oder Kaffee, beim Handarbeiten oder gemeinsamen Kochen findet ein lebhafter Informations- und Erfahrungsaustausch statt. Die Migrantinnen treten aus ihrer (eventuellen) Isolierung heraus, finden neue Freundinnen und werden besser in den Kindergarten integriert. Sie können in einer Gruppe von „Gleichgesinnten" über ihre besondere Situation, ihre Bedürfnisse und Probleme reden. Solche Gruppen können auch zu „Selbstläufern" werden, die von den Eltern selbst organisiert und durchgeführt werden.

Manche Kindergärten – leider erst sehr wenige – bieten *Sprachkurse* für Migrantinnen an, wobei die Kursleiterinnen zumeist von Erwachsenenbildungseinrichtungen oder Wohlfahrtsverbänden vermittelt werden. Diese Kurse werden von Müttern aus streng muslimischen Familien eher genutzt als ähnliche Angebote der Volkshochschulen: Ihre Ehegatten erlauben den Besuch, da sie wissen, dass ihre Ehefrauen im Kindergarten nicht mit anderen Männern in Kontakt kommen.

Gibt es Gesprächskreise, Kurse oder Dolmetscherdienste speziell für Migrant/innen – sowie die zuvor erwähnten Einzelgespräche und die Einbeziehung in den Gruppenalltag –, dann können Eltern mit Migrationshintergrund leichter in andere Veranstaltungen des Kindergartens integriert werden. Bei der Jahresplanung ist jedoch unbedingt auf ein breit gefächertes Angebot zu achten: Oftmals werden Eltern mit Migrationshintergrund nämlich eher zu Familienwanderungen, Eltern-Kind-Nachmittagen, Bastelangeboten, einem Gartenprojekt für Eltern und Kinder sowie gemeinsamen Festen und Feiern kommen als zu einem Elternabend oder einem Vortrag mit externen Referent/innen. Nur durch die Vielfalt der Angebote ist es somit möglich, den unterschiedlichen Lebenswelten, Bedürfnissen und Interessen zugewanderter Eltern zu entsprechen.

Auf die besondere Situation von Flüchtlingsfamilien/-kindern und auf die Zusammenarbeit mit den Eltern wird an anderer Stelle ausführlich eingegangen (Textor 2016a, b). Da die Zahl der Asylbewerber/innen mit Kindern in den letzten Jahren rückläufig ist, wurde jedoch auf den Nachdruck der Texte verzichtet. Nahezu alle Aussagen in diesem Kapitel treffen aber auch auf Flüchtlinge zu.

2.12 Elternarbeit mit Familien behinderter und chronisch kranker Kinder

Inzwischen haben nahezu alle Erzieher/innen mit Eltern behinderter oder chronisch kranker Kinder zu tun und müssen deren Bedürfnisse und Wünsche im Rahmen der Elternarbeit berücksichtigen. So wurden in den letzten drei Jahrzehnten immer mehr Kinder mit Behinderungen in Kindertagesstätten aufgenommen – zuerst überwiegend in „Integrativen Kindergärten" und dann zunehmend auf dem Wege der Einzelintegration in Regeleinrichtungen. Die von den Vereinten Nationen geforderte *Inklusion* wird diese Entwicklung weiter beschleunigen.

Familien mit behinderten oder chronisch kranken Kindern müssen sich mit besonderen Anforderungen und Belastungen auseinandersetzen. In einem Teil der Fälle werden sie ganz plötzlich und unerwartet mit der Behinderung bzw. chronischen Krankheit konfrontiert, wenn diese z.b. bei pränatalen Untersuchungen, bei einer (Früh-) Geburt oder direkt danach diagnostiziert wird (*akute Krise*). In anderen Fällen erfolgt die Diagnose erst Monate oder gar Jahre nach der Geburt – beispielsweise bei vielen lern-, geistig- und mehrfachbehinderten Kindern. Ihr geht zumeist ein langer Prozess voraus, in dem sich erst nach und nach Anzeichen einer Behinderung oder chronischen Krankheit zeigen (*allmähliche Eskalation*). Die Eltern werden immer mehr verunsichert, wenn sie die Entwicklung ihres Kindes beobachten und mit derjenigen von Gleichaltrigen vergleichen oder entsprechende Kommentare aus ihrem sozialen Umfeld hören. Selbst wenn sie zunächst hoffen, dass ihr Kind z.B. ein Spätentwickler sei, machen sie sich immer mehr Sorgen. Schließlich erfahren sie – was sie dann schon längst vermuten –, dass ihr Kind behindert oder chronisch krank ist.

Werden nach der ersten Diagnose immer wieder neue Auffälligkeiten diagnostiziert (z.B. bei mehrfachbehinderten Kindern) oder treten danach unvorhergesehene bedrohliche Situationen auf, kommt es zu einer *protrahierten Krise* (d.h., die „Ausgangssituation" dauert lange an). Bei manchen Krankheiten mag der Überlebenskampf immer schwerer werden, bis die Krise schließlich mit dem Tod des Kindes endet.

Der Bewältigungsprozess

Einigen Fachleuten zufolge durchlaufen Eltern verschiedene Stadien bei der Bewältigung der Behinderung bzw. chronischen Erkrankung ihres Kindes. So differenziert z.B. Strobel (2005) zwischen folgenden Phasen:

1. *Schock*: Die Eltern werden entweder von negativen Emotionen überwältigt oder empfinden eine große innere Leere. Sie fallen in ein tiefes Loch, fühlen Panik, Enttäuschung und

Wut. Ihre bisherige Lebensplanung fällt wie ein Kartenhaus in sich zusammen.

2. *Auflehnung*: Die Eltern wollen ihr Schicksal nicht akzeptieren und besuchen mit ihrem Kind immer wieder neue Ärzte in der Hoffnung auf eine „bessere" Diagnose, browsen im Internet nach erfolgversprechenden Therapien oder „verhandeln" mit Gott (bieten ihm z.b. etwas Bestimmtes an, wenn er ihr Kind gesund macht).

3. *Resignation*: Die Eltern ergeben sich in ihr Schicksal, sind verbittert oder deprimiert. Sie erleben sich selbst als hilflos und sind von anderen Menschen (z.B. von Ärzt/innen, Therapeut/innen oder dem/der Partner/in) enttäuscht.

4. *Adaption*: Die Eltern passen sich der Behinderung bzw. chronischen Erkrankung ihres Kindes an, nutzen alle Behandlungs- und Therapiemöglichkeiten und akzeptieren ihre Grenzen bzw. die ihres Kindes. Oft erleben sie nun ihr Kind als Bereicherung ihres Lebens.

Laut Strobel (2005) kann das Durchlaufen dieser Phasen zwei, drei Jahre dauern. Auch Rückfälle seien immer wieder möglich. Verharren Eltern länger in den ersten drei Phasen, könnten psychische und psychosomatische Störungen, Paarkonflikte und Trennungen die Folge sein.

Viele Fachleute (z.B. Hackenberg 2008; Krause 2002) lehnen jedoch solche Stufenmodelle ab, da sie eine universelle Gültigkeit der jeweiligen Phasen unterstellen, unterschiedliche Lebenssituationen und Probleme zu wenig berücksichtigen, den Einfluss des sozialen Umfeldes und von sozioökonomischen Faktoren ignorieren sowie der Individualität des einzelnen Elternteils und seiner Bewältigungsversuche nicht genügend entsprechen würden. Außerdem ginge von ihnen ein Leistungsdruck aus, weil die Eltern immer wieder daran gemessen würden, wie weit sie in diesem Prozess vorangekommen seien – zumal nur ein Teil von ihnen eine vollständige Adaption erreichen und ohne negative Gefühle weiterleben würde.

Stattdessen werden die im Einzelfall auftretenden subjektiven Erlebensweisen und Alltagsschwierigkeiten erfasst und berücksichtigt. Erstere umfassen beispielsweise Angst, Abwehr, Schmerz, Trauer, Wut, Verunsicherung, Enttäuschung, Pseudo-Stärke, Schuldgefühle, Vorwürfe oder ein negatives Selbstwertempfinden. Zu Letzteren gehört der große Zeit- und Arbeitsaufwand, der mit der Betreuung und Erziehung eines behinderten oder chronisch kranken Kindes verbunden ist. Oft müssen die Eltern besondere Übungen mit ihrem Kind machen, die ihnen von medizinischen Diensten, Frühförderstellen oder anderen Einrichtungen gelehrt wurden. Dann besteht die Gefahr, dass sie in eine Art „*Hilfstherapeut/innen*"-Rolle hineingedrängt werden.

Häufig ist das Familienleben auf das behinderte oder chronisch kranke Kind zentriert; die Paarbeziehung und soziale Kontakte verlieren an Bedeutung. In vielen Familien gibt die Mutter ihren Beruf (teilweise) auf, um sich intensiv dem Kind zu widmen, während sich der Vater voll auf die Erwerbstätigkeit (und das Spielen mit ihm) konzentriert. Es kommt zu einer *traditionellen Arbeitsteilung*, die oft auf Kosten der Autonomiewünsche, der Selbstentfaltung und der Lebenszufriedenheit der Mutter geht.

Besonders problematisch ist das häufig entstehende *Ungleichgewicht bei den erzieherischen Fähigkeiten*: Auf der einen Seite steht die heilpädagogisch und therapeutisch geschulte Mutter, auf der anderen der inkompetent seiende oder sich fühlende Vater. Schon nach der Geburt eines behinderten oder kranken Kindes ist die Mutter in der Regel die Hauptansprechpartnerin des Klinikpersonals, da sie zunächst im Krankenhaus verbleibt. Dies gilt verstärkt für die Folgezeit, falls weitgehend die Mutter die Versorgung und Betreuung des Kindes übernimmt. Viele Männer fühlen sich dann ignoriert und in ihrer Vaterrolle verunsichert, insbesondere wenn sie von ihrer Frau im Umgang mit dem Kind „angelernt" werden oder ihr erzieherisches Verhalten häufig kritisiert wird. Sie geraten dann leicht in ihrer Familie in eine *Randposition*.

Insbesondere wenn ein Elternteil die Erwerbstätigkeit aufgibt, kann die Familie unter großen *finanziellen Belastungen* aufgrund der hohen

Kosten für Behandlungen des Kindes, für Hilfsmittel oder Fahrten zu Fachdiensten leiden. Dies gilt verstärkt für sozial schwache Familien und für Alleinerziehende, die (halbtags) zu Hause bleiben wollen bzw. müssen. Ferner kommt es häufig zu Konflikten mit medizinischen, therapeutischen und psychosozialen Fachdiensten, aber auch mit Behörden, Krankenkassen und Fachdiensten: Dabei geht es z.B. um die „richtige" Pflegestufe, um die Kostenübernahme für Therapien und Hilfsmittel oder um unterschiedliche Vorstellungen hinsichtlich der Behandlung, Pflege, Erziehung und Förderung des jeweiligen Kindes.

Je schwerer die Behinderung und je größer die Pflegebedürftigkeit eines Babys sind, umso mehr müssen sich die Eltern umstellen: Beispielsweise kann die Kommunikation mit dem Kind dadurch beeinträchtigt sein, dass längere Krankenhausaufenthalte das frühe Kennenlernen von Eltern und Säugling behindert haben. Geistig und mehrfach behinderte Kinder verhalten sich noch im Kleinkindalter wie Babys – und kommunizieren wie solche. Dies ist für Eltern und andere Erwachsene „gewöhnungsbedürftig", weil bei Kleinkindern nicht mehr das „Kindchenschema" funktioniert bzw. auf sie nicht mehr so intuitiv wie auf Babys reagiert wird. Aber auch Pflege, Ernährung, Betreuung und Erziehung unterscheiden sich bei vielen behinderten und chronisch kranken Kindern von der Regel. Hier müssen Eltern erst das für ihr Kind richtige Verhalten finden (*traditionslose Elternschaft*). Dabei sind sie oft auf die Unterstützung von Fachkräften in Krankenhäusern, Frühförderstellen und psychosozialen Diensten angewiesen.

Trotz der skizzierten Probleme und Belastungen meistern nahezu alle Familien das Leben mit einem behinderten bzw. chronisch kranken Kind. Viele Eltern erleben eine intensive positive Beziehung zu ihrem Kind, akzeptieren seine Fähigkeiten und Grenzen, räumen ihm einen passenden Platz in ihrer Familie ein und erziehen ihn angemessen. Eventuell vorhandene Geschwister fühlen sich nicht vernachlässigt oder überfordert, lieben ihren Bruder bzw. ihre Schwester und entwickeln sich normal. Oft berichten die Eltern auch von einer Stärkung ihrer Partnerschaft, bedingt durch das gemeinsame Bewältigen von Krisen und anderen Schwierigkeiten. Sie wachsen über sich hinaus und entdecken an sich bzw. an ihrem Partner neue positive Eigenschaften und Stärken. Ihr Leben empfinden sie als sinnvoll und erfüllt, die Erfahrung mit dem behinderten Kind als persönlichen Gewinn.

Nur bei wenigen Eltern – überwiegend Müttern – treten psychische Probleme wie Anpassungsstörungen, Depressivität, Angst, Aggressionsneigung oder Burn-out auf. Dies ist häufiger der Fall bei Mehrfachbehinderung oder Verhaltensauffälligkeit des Kindes, bei fehlender sozialer Unterstützung oder Instabilität der Paarbeziehung. Auch gibt es nur in einem kleinen Teil der Familien Ehekonflikte, insbesondere wenn sich ein Partner voll auf das jeweilige Kind konzentriert hat und die Partnerschaft vernachlässigt, wenn der Ehegatte keine emotionale Unterstützung leistet oder wenn Vorwürfe und Schuldgefühle die Beziehung belasten. So ist die Trennungs- bzw. Scheidungsquote in diesen Familien leicht erhöht.

Ferner erleben einige Eltern Erziehungsschwierigkeiten – beispielsweise wenn sie zu hohe Erwartungen an das behinderte bzw. chronisch kranke Kind stellen, seine Autonomiebestrebungen ignorieren, es verwöhnen und überbehüten oder zu permissiv sind. Bei Ablehnung des Kindes kommt es gelegentlich zu physischer und psychischer Vernachlässigung, zu Misshandlung oder sexuellem Missbrauch. Bei Erziehungsfehlern, pathogenen Eltern-Kind-Beziehungen oder Ehekonflikten entwickeln behinderte bzw. chronisch kranke Kinder oft Verhaltensauffälligkeiten. Manchmal verläuft dann auch die Entwicklung von Geschwistern problematisch.

Besondere Herausforderungen für die Erziehungspartnerschaft

Werden behinderte oder chronisch kranke Kinder in einem Kindergarten betreut, ist die Erziehungs- und Bildungspartnerschaft mit besonderen Herausforderungen verbunden. Beispielsweise ist verstärkt auf die Einbeziehung des Vaters zu achten, da in vielen dieser Familien eine traditionelle Arbeitsteilung zu beobachten ist (s.o.).

127

Dieses Ungleichgewicht in der Zuständigkeit für das jeweilige Kind kann nur aufgebrochen werden, wenn ganz bewusst beide Elternteile zu Termingesprächen und Veranstaltungen eingeladen werden. Schließlich sind Mutter und Vater gemeinsam für ihr Kind verantwortlich!

Ferner muss bedacht werden, dass es sich bei der Beziehung zu Eltern mit einem behinderten oder chronisch kranken Kind im Gegensatz zur Erziehungspartnerschaft mit Eltern nicht auffälliger Kinder um eine erweiterte Partnerschaft – um ein *Dreiecksverhältnis* – handelt: Die dritte Seite wird hier von den Spezialist/innen gebildet, die z.B. in der Frühförderstelle das jeweilige Kind heilpädagogisch bzw. therapeutisch fördern. So ist es sinnvoll, wenn sich Eltern, Erzieher/innen und Fachleute regelmäßig – und sei es auch nur ein- oder zweimal pro Jahr – zu einem Gespräch treffen, um sich hinsichtlich der Erziehung und Förderung des jeweiligen Kindes abzusprechen. Leider ist dies aus vielerlei Gründen zumeist nicht möglich (z.B. wegen Zeitmangel, Desinteresse, Datenschutzbestimmungen, fehlender Abrechenbarkeit der Gespräche mit Kostenträgern usw.). Sofern die Fachkräfte nicht als mobiler Dienst in die Kindertageseinrichtung kommen, sind die Erzieher/innen in der Regel auf die Informationen der Eltern über die jeweiligen Fördermaßnahmen und auf schriftliche Berichte angewiesen. Es sollte aber auch der telefonische Austausch mit den Psycholog/innen, Therapeut/innen und Heilpädagog/innen gesucht werden, falls die Eltern dazu ihr Einverständnis geben. So kann erreicht werden, dass drei einander respektierende Systeme an einer gemeinsamen Aufgabe arbeiten und sich dabei ergänzen.

Entwicklungsgespräche

Der intensivste Austausch zwischen Erzieher/innen und Eltern über das jeweilige Kind erfolgt in den Entwicklungsgesprächen (vgl. Kapitel 2.2). Diese werden bei Kindern mit Behinderungen oder chronischen Krankheiten sicherlich häufiger als bei anderen Kindern notwendig sein. Im Mittelpunkt der Gespräche steht der Austausch von Beobachtungen, wie sich das Kind in der Familie und im Kindergarten entwickelt. Hier fällt es Eltern und Erzieher/innen oft schwer, in ihren Augen zu geringe Fortschritte (oder gar Rückschritte) zu berichten und zu akzeptieren.

Einen weiteren Schwerpunkt bei Entwicklungsgesprächen bilden Erziehung und Förderung des behinderten bzw. chronisch kranken Kindes in Familie und Kindergarten sowie damit verbundene Probleme. Dabei sollten die Anstrengungen, das Engagement und die Erfolge der jeweils anderen Seite gewürdigt werden. Wenn die eigenen Bemühungen nicht so viel gefruchtet haben wie erwartet, sind Eltern bzw. Erzieher/innen von sich selbst enttäuscht und erleben sich oft sogar als Versager/innen. Dementsprechend haben sie Hemmungen, über ihre Misserfolge zu sprechen. Häufig rechnen sie auch mit Kritik, Vorwürfen und Schuldzuweisungen von der anderen Seite. In solchen Fällen müssen Eltern und Fachkräfte zum einen das beim Kind Machbare realistisch einschätzen, wobei ihnen die Gutachten und Prognosen der Spezialisten helfen. Dann können sie auch kleinste Fortschritte würdigen und gewinnen daraus neue Motivation zum Weitermachen. Zum anderen müssen sie ihre eigenen Grenzen und die des Gegenübers akzeptieren – weder Erzieher/innen noch Eltern haben eine heilpädagogische oder therapeutische Ausbildung, unbegrenzt viel Zeit für die Erziehung und Förderung des Kindes oder ein Übermaß an Geduld und Opferbereitschaft. So gilt es häufig, auch die eigene Hilflosigkeit auszuhalten.

Erzieher/innen sollten also den Eltern gegenüber offen ansprechen, wenn sie nicht die angezielten Veränderungen vollständig erreicht haben oder sogar Misserfolge zu verzeichnen sind. Als Professionelle müssen sie dann auch in der Lage sein, die Verärgerung der Eltern anzunehmen, ohne in Verteidigungsposition zu gehen oder gar mit einem Gegenangriff zu reagieren. Sie können sich damit trösten, dass es besser ist, wenn die Eltern ihren Ärger über unzureichende Fortschritte gegen sie als gegen sich selbst oder das Kind richten...

Eine gewisse Entlastung von dem auf ihnen lastenden Leistungsdruck ergibt sich für Erzieher/innen und Eltern aus der Tatsache, dass in den meisten Fällen Frühförderstellen und andere Fachdienste für die behinderungsspezifische Förderung des jeweiligen Kindes verantwortlich sind. So sollten die Fachkräfte Eltern an medizinische, heilpädagogische und therapeutische Einrichtungen verweisen, wenn bei den Entwicklungsgesprächen Besonderheiten der jeweiligen Behinderung bzw. chronischen Krankheit (z.B. zwanghafte Verhaltensweisen, Hyperaktivität, Trennungsangst, Ablehnung von körperlicher Nähe, geringer Blickkontakt, begrenzte Aufmerksamkeitsspanne, niedriges Aktivitätsniveau), der entsprechende Umgang mit dem Kind und spezifische Fördermöglichkeiten angesprochen werden. Sie sollten sich weitgehend auf das Beantworten von eher allgemeinen Fragen zur Entwicklung und Erziehung von Kleinkindern sowie entsprechende Hinweise beschränken. Beispielsweise können sie den Eltern raten, sich mehr auf die Stärken ihres Kindes zu konzentrieren (da bei behinderten Kindern oft die Defizite fokussiert werden), weil dies zu mehr Selbstvertrauen und Selbständigkeit führen würde.

Elternberatung

In vielen Fällen wird die Behinderung bzw. chronische Krankheit eines Kindes erst während des Kindergartenbesuchs diagnostiziert. Oft hat es zuvor eine allmähliche Eskalation (s.o.) gegeben – Entwicklungsverzögerungen und Verhaltensstörungen sind immer schwerwiegender geworden. Haben Erzieher/innen die Eltern auf diese Auffälligkeiten aufmerksam gemacht, mag dies die Erziehungspartnerschaft belastet haben, wenn die Eltern solche Beobachtungen abgewehrt haben. Nun haben die Fachkräfte Recht bekommen, da Ärzt/innen bzw. andere Spezialist/innen eine unumstößliche Diagnose gestellt haben. Dies bedeutet nicht unbedingt, dass sich jetzt das Verhältnis zwischen Erzieher/innen und Eltern entspannt...

Eine andere Situation entsteht bei einer akuten Krise – wenn plötzlich eine Behinderung oder chronische Krankheit diagnostiziert wird (s.o.). Dies mag ein im Kindergarten betreutes Kind oder ein gerade geborenes Geschwisterkind betreffen (z.B. nach einer Frühgeburt oder bei schwerwiegenden Geburtskomplikationen).

In all diesen Fällen werden Erzieher/innen mit dem Schock und den damit verbundenen starken Emotionen der Eltern konfrontiert (s.o.). Da sie den Eltern vertrauter sind als die weitgehend unbekannten und immer wieder wechselnden Ärzt/innen, Psycholog/innen und Krankenschwestern, öffnen sich die Eltern ihnen gegenüber mehr und verlieren auch eher die Beherrschung. Aber nicht nur für Gefühlsausbrüche gilt, dass die Erzieher/innen empathisch zuhören und auch die eigene emotionale Betroffenheit offen zeigen sollten (vgl. Kapitel 2.1). Die Eltern benötigen jetzt erst einmal eine Vertrauensperson, der sie „ihr Herz ausschütten" können.

Zu einem späteren Zeitpunkt können Erzieher/innen den Eltern helfen, den Trauerprozess weiter zu durchlaufen, die Behinderung bzw. Krankheit ihres Kindes anzunehmen und es so zu akzeptieren, wie es ist. Auch können sie mit ihnen über den Umgang mit dem Kind und die Alltagsgestaltung sprechen.

Oft können Eltern Stresserfahrungen, Gefühle der Überforderung und Erschöpfung, die aus der Reduzierung bzw. Aufgabe der Erwerbstätigkeit resultierenden Schwierigkeiten, Organisationsprobleme sowie Konflikte mit Krankenkassen, Behörden oder Fachdiensten (s.o.) leichter gegenüber den Erzieher/innen ansprechen als gegenüber anderen Fachleuten. Da es nicht Aufgabe der Fachkräfte ist, hier zu helfen, reicht es aus, empathisch zuzuhören und Verständnis zu zeigen. Hingegen müssen sie bei kindbezogenen Themen beratend tätig werden, also z.B. wenn Eltern fragen, wie sie ihrem Kind helfen können, mit behinderungsbedingten Frustrationen und Minderwertigkeitsgefühlen, mit Spott und anderen Diskriminierungserfahrungen umzugehen.

Bei späteren Beratungsgesprächen können problematische Erziehungsstile angesprochen werden, die in vielen Familien mit behinderten bzw. chronisch kranken Kindern zu beobachten sind (s.o.): Wächst das Kind z.B. in einem Schonraum auf, in dem ihm alles abgenommen wird, könnte den Eltern empfohlen werden, mehr Anforderungen an ihr Kind zu stellen: Beispielsweise könnten behinderte Kinder Pflichten im Haushalt übernehmen. Auch Frustrationserlebnisse könnten sie zu neuen Leistungen anstacheln und selbständiger werden lassen (wenn z.b. ein körperbehindertes Kind etwas erreichen will, was ihm bisher immer die Mutter geholt hat, und so einen geschickteren Umgang mit dem Rollstuhl lernt).

Da bei manchen behinderten bzw. chronisch kranken Kindern Verhaltensauffälligkeiten auftreten, muss in den Beratungsgesprächen auch über solche Probleme gesprochen werden (vgl. Kapitel 2.3). Erzieher/innen und Eltern können gemeinsam nach den Ursachen suchen – und nach erzieherischen „Gegenmaßnahmen". Auch hier ist die Erfolgswahrscheinlichkeit größer, wenn beide Seiten ihre Reaktionen aufeinander abstimmen und dann beim Auftreten der Auffälligkeiten an einem Strang ziehen.

Bei starken, nicht beeinflussbaren Verhaltensstörungen des Kindes, bei psychischen Problemen der Eltern und bei Partnerschaftskonflikten, die sich aus der besonderen Lebenssituation dieser Familien ergeben, sind Erzieher/innen nicht mehr zuständig. Dann müssen sie die Eltern entweder an die Fachdienste oder an Beratungsstellen und Psychotherapeut/innen verweisen.

3. Planung der Elternarbeit

In den einzelnen Monaten des Kindergartenjahres gewinnen immer wieder andere Aufgaben und Formen der Erziehungspartnerschaft an Bedeutung. Beispielsweise müssen zu Beginn des Jahres die neuen Eltern die Einrichtung kennen lernen und integriert werden. Dann folgen der erste Elternabend und die -beiratswahl. Bis Weihnachten wird eine Kindergartenzeitung erstellt, werden gemeinsam mit den Eltern Laternen oder Geschenke gebastelt und mit ihnen der St. Martins-Umzug und eine Adventsfeier gestaltet. In den nächsten Monaten stehen dann andere Aktivitäten im Vordergrund, bis das Kindergartenjahr mit dem traditionellen Sommerfest oder einer anderen Veranstaltung endet.

Eine sinnvolle Tätigkeit zu Beginn eines jeden Kindergartenjahres ist deshalb die Planung der Elternarbeit für die kommenden zehn oder elf Monate. Auf diese Weise kann sichergestellt werden, dass alle Ziele der Elternarbeit erreicht werden (vgl. Kapitel 1.1) und die Angebote gleichmäßig über das ganze Jahr verteilt sind. Die Planungsarbeit sollte möglichst *vom gesamten Team* übernommen werden, sodass jedes Mitglied seine Vorstellungen einbringen kann und anschließend das Arbeitsergebnis mitträgt. Auch bietet es sich an, nach der Wahl des neuen Elternbeirats mit diesem den dann bereits vorliegenden Entwurf zu besprechen. Auf diese Weise erleben sich die Elternvertreter/innen von Anfang an als einbezogen und sind eher zu einer aktiven Mitwirkung bereit.

Die Planung der Elternarbeit ist ein komplexer Prozess, der im Idealfall eine Situations- und Bedarfsanalyse, die Entwicklung und Fortschreibung einer Konzeption der Elternarbeit sowie die Erstellung eines „Jahresprogramms" umfasst. Schon diese Begriffe zeigen, dass die genannten Aufgaben in die Entwicklung und Fortschreibung der Kindergartenkonzeption eingebettet werden sollten – schließlich macht Elternarbeit nur einen kleinen Teil der beruflichen Tätigkeit von Erzieher/innen aus. Zugleich ist es effizienter, z.B. bei der Situations- und Bedarfsanalyse auch die Lebenswelten und Bedürfnisse der Kinder zu erheben, da sie ja im Zentrum der pädagogischen Arbeit und der Erziehungspartnerschaft stehen.

Situationsanalyse, Bedarfsermittlung, Konzeptionsentwicklung, Umsetzung des Konzepts und Qualitätssicherung bilden einen *„endlosen" Kreislauf*: Jedes Jahr ändert sich die Zusammensetzung der Gruppen und oft auch des Teams, werden Erzieher/innen mit neuen Lebenslagen und Bedürfnissen konfrontiert, wandeln sich Rahmenbedingungen und der örtliche Kontext. Wenn nach einem zeit- und arbeitsintensiven Prozess die erste Situations- und Bedarfsanalyse sowie das pädagogische Konzept des Kindergartens erstellt wurden, muss die Konzeption also nicht nur umgesetzt, überprüft und eventuell modifiziert werden, sondern in jedem der folgenden Jahr müssen auch die Situations- und die Bedarfsanalyse – allerdings in einer weniger aufwendigen Form – wiederholt und neue Ergebnisse bei der Konzeptionsfortschreibung berücksichtigt werden.

3.1 Situations- und Bedarfsanalyse

Erzieher/innen sollten die Elternschaft ihrer Einrichtung genau kennen. Sinn der *Situationsanalyse* ist es, für die Elternarbeit relevante Daten über die Lebenslagen der Familien, ihre Wohnsituation, ihre Größe, die vorherrschenden Familienformen und -strukturen, die soziale Schichtung, kulturelle Traditionen, religiöse Werte, die Art der Berufstätigkeit, die Arbeitszeiten, die (Geschlechts-) Rollendefinitionen, die Erziehungsziele, -einstellungen und -stile, das Freizeitverhalten, besondere Familienprobleme usw. zu erfassen.

Die Notwendigkeit einer solchen Erhebung, bei der durchaus auch Fragebögen eingesetzt werden können, liegt auf der Hand: Die Elternarbeit der Einrichtung muss anders konzipiert werden, wenn beispielsweise

- viele Mütter nicht erwerbstätig sind und in Aktivitäten des Kindergartens eingebunden werden könnten.

- bei einem Landkindergarten die meisten Kinder mit dem Bus gebracht und abgeholt werden, sodass kein täglicher Kontakt zu ihren Eltern besteht.

- sich der Kindergarten in einem sozialen Brennpunkt befindet und die Erzieher/innen mit vielen Familienproblemen und -belastungen konfrontiert werden.

- es wenig Freizeitangebote für Familien vor Ort gibt und diese isoliert sind, sodass ein großes Interesse an gemeinsamen Aktivitäten besteht.

- die meisten Eltern (voll) erwerbstätig sind und nur an den Abenden oder Wochenenden zu Termingesprächen und Veranstaltungen des Kindergartens kommen können bzw. wollen.

- ein Großteil der Familien einen Migrationshintergrund hat und aus ganz verschiedenen Kulturkreisen stammt.

Bei der *Bedarfsanalyse* wird dann erfasst, welche Bedürfnisse die Familien haben (z.B. Kontaktwünsche, Informationsbedarf, Beratungsbedürftigkeit), welche Formen der Elternarbeit sie erwarten, wie sie im Kindergarten mitarbeiten wollen und was die besten Zeiträume für Elternveranstaltungen sind. Diese Informationen können beispielsweise an einem Elternabend, bei Gesprächen mit einzelnen Eltern oder per Umfrage erfasst werden. Wichtig ist bei der Bedarfsanalyse auch folgende Frage: „Was wollen, vor allem aber was können und möchten die Eltern in die Zusammenarbeit mit den Erzieherinnen einbringen?" (Stürmer 2003, S. 21).

Wird ein Fragebogen eingesetzt, so sollte er im Team besprochen und ergänzt werden, damit er zum Schluss alle die Erzieher/innen interessierenden Fragen enthält. Bei der Erstellung können einzelne Eltern oder der Elternbeirat eingebunden werden. Zu beachten ist, dass sich Fragebögen mit Antwortvorgaben, die von den Eltern nur angekreuzt werden müssen, sehr viel schneller auswerten lassen als Fragebögen mit offenen Fragen.

Die Erzieher/innen sollten aber auch ihre eigenen Vorstellungen und Wünsche hinsichtlich der Elternarbeit besprechen. Sie können die Vor- und Nachteile möglicher Angebote diskutieren und die Formen auswählen, die sie sich zutrauen sowie inhaltlich und methodisch vertreten können. In einem *Aushandlungsprozess*, in dem die Bedürfnisse, Erwartungen und Wünsche von Eltern *und* Erzieher/innen berücksichtigt werden, wird dann zu einer *eltern- und mitarbeiterorientierten Elternarbeit* gefunden.

Erneut wird deutlich, wie wichtig der *Dialog* zwischen Erzieher/innen und Eltern im Rahmen der Bildungs- und Erziehungspartnerschaft ist: Beide Seiten müssen offen ihre Erwartungen, Vorstellungen und Bedürfnisse äußern können, damit der vorgenannte Aushandlungsprozess möglich wird. Dabei ist aber auch immer das *Wohl der Kinder* zu berücksichtigen: Die Elternarbeit darf nicht zum Selbstzweck werden und nur der Befriedigung der Bedürfnisse von Erwachsenen dienen.

Auf der Grundlage der Situations- und Bedarfsanalyse kann dann bei der *Konzepterstellung* festgelegt werden, welche Ziele mit der Elternarbeit verfolgt und welche Angebote gemacht werden sollen. Hier kann zwischen den vielen in diesem Buch erwähnten Formen der Elternarbeit ausgewählt werden (siehe Kapitel 2.2 ff.). Da sich für jeden Kindergarten verschiedene Ergebnisse bei der Situations- und Bedarfsanalyse ergeben, werden auch die Konzeptionen unterschiedlich ausfallen. Die Angebote müssen an die Zusammensetzung der Elternschaft, an deren Lebenslagen, Bedürfnisse und Erwartungen angepasst werden, aber auch dem Team, den Vorstellungen des Trägers und den Rahmenbedingungen entsprechen.

Somit muss *jeder Kindergarten seine spezifische, einzigartige Form der Elternarbeit* finden, gibt es keine Universalkonzepte oder Rezepte. Und das bedeutet auch – wie bereits erwähnt –, dass oft die Konzeption der Elternarbeit überarbeitet werden muss, wenn sich zu Beginn des Kindergartenjahres die Zusammensetzung der Elternschaft ändert.

3.2 Jahresplanung

Auf der Grundlage der erstellten bzw. fortgeschriebenen Konzeption des Kindergartens kann dann die Jahresplanung erfolgen. Sie verhindert, dass sich Veranstaltungen, Projekte oder andere zeitaufwendige Aktivitäten in bestimmten Zeiträumen ballen und zur Überlastung des Personals führen. Auch stellt sie sicher, dass im Verlauf des Jahres verschiedene Formen der Elternarbeit praktiziert werden, denn nur auf diese Weise können so viele Eltern wie möglich erreicht und deren unterschiedliche Bedürfnisse berücksichtigt werden.

Hinter den einzelnen Aktivitäten sollte ein *roter Faden* erkennbar sein, der den verschiedenen Angeboten einen Sinnzusammenhang gibt. Die Planung der Elternarbeit sollte zudem als *offene Planung* verstanden werden, die Raum und Möglichkeiten zu spontanen, situationsorientierten Aktivitäten, Begegnungen, Gesprächen und Veranstaltungen lässt. Ferner sollte berücksichtigt werden, dass die Eltern in der Regel mehrere Jahre lang den Kindergarten nutzen und nicht jedes Jahr wieder zu denselben Aktivitäten eingeladen werden wollen.

Durch die Jahresplanung wird außerdem gewährleistet, dass *nicht zu viele Angebote für Eltern gemacht werden*. Deren Zeitbudget ist beschränkt – sie können nur gelegentlich an Veranstaltungen des Kindergartens teilnehmen. Die Fachkräfte sollten sich aber auch von der Vorstellung lösen, dass ein einzelnes Angebot von den meisten Eltern genutzt werden müsste: Der Vielzahl von unterschiedlichen Familienbedürfnissen und Wünschen sollten viele verschiedene Angebote gegenüberstehen – die dann aber nur von dem jeweils interessierten Teil der Elternschaft genutzt werden. So sollte eine geringe Teilnehmerzahl bei Veranstaltungen nicht „automatisch" zu Frustrationsgefühlen bei den Fachkräften führen: Nicht alle Eltern fühlen sich angesprochen oder benötigen gerade dieses Angebot.

Jedoch müssen sich Erzieher/innen gegen unzumutbare Forderungen wehren und Grenzen ziehen. So ist z.B. die Verfügungszeit für

Elternarbeit begrenzt. Wenn also eine quantitative Ausweitung der Angebote für Eltern als sinnvoll erachtet wird, muss bei der Jahresplanung geklärt werden, *woher das Personal die benötigte Zeit nehmen soll.* In diesen Fällen bietet es sich an,

- *den Tagesablauf und die Tagesgestaltung zu überprüfen:* Basteln Erzieher/innen Geburtstags- und Weihnachtsgeschenke für die Kinder? Müssen in Randzeiten mit wenigen Kindern immer zwei Fachkräfte pro Gruppe anwesend sein? Stellen Erzieher/innen Raumschmuck oder Gegenstände für den Basar her?

- *nach Entlastungsmöglichkeiten zu suchen:* Könnte der Kauf entsprechender Computerprogramme nicht den Zeitaufwand für viele Verwaltungstätigkeiten reduzieren? Könnten Elternbeiträge nicht mit weniger Arbeit für das Personal – z.B. mit Hilfe von Einzugsberechtigungen – erhoben werden?

- *nach Delegationsmöglichkeiten zu suchen:* Welche Aufgaben der (Kindergarten-/Gruppen-) Leiterin lassen sich an Kolleg/innen delegieren? Was für Arbeiten könnten Eltern oder Ehrenamtliche übernehmen? Könnten nicht (noch einzustellende) Raumpflegerinnen oder Küchenhilfen Putz- und Küchenarbeiten erledigen, die das Personal belasten?

Auch durch die zuvor beschriebene Eltern*mit*arbeit entstehen oft neue Freiräume für Elterngespräche u.Ä. (siehe Kapitel 2.4). Außerdem können einige Elternangebote im Kindergarten von Dritten organisiert und durchgeführt werden – beispielsweise von interessierten Eltern, Erziehungsberater/innen oder Kursleiter/innen von Familienbildungsstätten bzw. Volkshochschulen (vgl. Kapitel 2.7).

3.3 Evaluation und Qualitätssicherung

Im Rahmen des *Qualitätsmanagements* ist von Zeit zu Zeit nachzufragen, ob alle Bedürfnisse der Eltern durch entsprechende Angebote des Kindergartens berücksichtigt werden, ob die Eltern neue Wünsche haben und wie hoch der Grad ihrer Zufriedenheit mit der Elternarbeit ist. Hierzu eignet sich am besten eine schriftliche Befragung. Aber auch am Ende einer Elternveranstaltung oder bei einer Sitzung des Elternbeirats kann diese Frage angeschnitten werden.

Natürlich zeigt sich die Qualität der Elternarbeit auch darin, in welchem Maße die Angebote genutzt werden, inwieweit Eltern von sich aus den Kontakt zu den Erzieher/innen suchen und wie offen sie bei Termingesprächen sind. Ferner kann im Eingangsbereich des Kindergartens ein Briefkasten angebracht werden, in den die Eltern Zettel mit kritischen Anmerkungen, Vorschlägen oder Beschwerden einwerfen und dabei anonym bleiben können (vgl. Kapitel 2.3). Außerdem können verschiedene Formen des Qualitätsmanagements angewandt werden, die in den letzten Jahren für den Kindergartenbereich entwickelt wurden und auch Standards für die Elternarbeit enthalten (z.B. Tietze/Viernickel 2016; Ziesche/Herrnberger/Karkow 2003).

Die Rückmeldungen der Eltern, die Befragungsergebnisse und die Erfahrungen der Erzieher/innen werden von Zeit zu Zeit im Team besprochen. Insbesondere wird diskutiert, ob die verschiedenen Lebenssituationen der Familien berücksichtigt werden, inwieweit der Bedarf an Elternangeboten abgedeckt ist, ob nahezu alle Eltern erreicht werden und mit welchen Formen der Elternarbeit gute bzw. schlechte Erfahrungen gemacht worden sind. Auch wird geklärt, was die Ursachen eventueller Probleme sind (z.B. schlechte Vorbereitung und Leitung eines Elternabends seitens der Erzieher/innen, unzureichende Qualifikation im Bereich der Gesprächsführung und Beratung, falsch eingeschätzte Bedürfnisse von Eltern). Dann wird besprochen, was verbessert werden könnte, um die Bildungs- und Erziehungspartnerschaft mit den Eltern weiter voranzubringen. Die

gesammelten Ideen werden mit Eltern (-beirat) und Träger besprochen, sodass deren Rückmeldungen bei der weiteren Planung berücksichtigt werden können.

Werden beispielsweise bestimmte „Barrieren" ermittelt, die einer
stärkeren Nutzung von Angeboten der Elternarbeit entgegenstehen,
können seitens des Kindergartens *Gegenmaßnahmen* getroffen werden. Kieff und Wellhousen (2000) nennen hier folgende Beispiele:

- Eltern haben abends keine Zeit: Die Kindertageseinrichtung
  kann z.B. Wochenendveranstaltungen oder ein Elternfrühstück anbieten.

- Eltern haben keine Fahrmöglichkeiten (z.B. bei Landkinder-
  gärten mit vielen „Buskindern"): Die Erzieher/innen können Mitfahrgelegenheiten organisieren.

- Eltern können die Kinderbetreuung nicht sicherstellen: Der
  Kindergarten bietet eine Betreuung parallel zu der Elternveranstaltung in einem Gruppenraum an.

- Die Eltern beherrschen nicht die deutsche Sprache: Die Er-
  zieher/innen organisieren für Gespräche einen Dolmetscher
  (z.B. einen Elternteil, der beide Sprachen spricht) oder bitten
  ihn, schriftliche Informationen zu übersetzen.

- Eltern können/wollen aus irgendwelchen Gründen nicht in
  die Kindertageseinrichtung kommen: Die Erzieher/innen te-
  lefonieren mit ihnen, machen Hausbesuche, treffen sich mit
  ihnen an einem neutralen Ort (z.B. Café) oder senden ihnen
  Entwicklungsberichte zu.

- Eltern wissen nicht, was sie zu Hause an „kindergartener-
  gänzenden" Aktivitäten mit ihren Kindern machen sollen:
  Die Erzieher/innen informieren sie im Rahmen von Entwicklungsgesprächen, führen eine relevante Elternveranstaltung durch oder verweisen auf entsprechende Publikationen
  (z.B. Textor 2008, 2014).

Qualitätsmanagement ist somit ein *kontinuierlicher Prozess*, der ein veränderungsbereites und kritikfähiges Team voraussetzt, das seine Ziele kennt und die berufliche Praxis immer wieder daran misst. Alle Mitarbeiter/innen sollten hoch motiviert sein, sich weiter zu qualifizieren und ihre Elternarbeit zu verbessern, da die Bildungs- und Erziehungspartnerschaft *ein hohes Gut* ist: Sie sichert eine positive Entwicklung des jeweiligen Kindes in Familie *und* Kindergarten. So „lohnt" sich ein hoher Zeit- und Arbeitsaufwand seitens der Erzieher/innen. Zudem nehmen Eltern bei einer gelungenen Bildungs- und Erziehungspartnerschaft die Fachkräfte viel positiver wahr und zeigen mehr Wertschätzung für deren pädagogische Arbeit. Dadurch wächst die Berufszufriedenheit der Erzieher/innen.

Literatur

Ahnert, L./Gappa, M.: Entwicklungsbegleitung in gemeinsamer Erziehungsverantwortung. In: Maywald, J./Schön, B. (Hrsg.): Krippen. Wie frühe Betreuung gelingt. Fundierter Rat zu einem umstrittenen Thema. Weinheim, Basel: Beltz 2008, S. 74-95

Andres, B.: Mutter, Vater, Kind und Kita. Gedanken rund um den Beziehungsaufbau in der Eingewöhnung. Theorie und Praxis der Sozialpädagogik 2008, Heft 7, S. 16-19

Bayerisches Staatsministerium für Arbeit und Sozialordnung, Familie und Frauen/Staatsinstitut für Frühpädagogik München (Hrsg.): Der Bayerische Bildungs- und Erziehungsplan für Kinder in Tageseinrichtungen bis zur Einschulung. Berlin: Cornelsen, 5. erw. Aufl. 2012

Becker-Stoll, F./Textor, M.R. (Hrsg.): Die Erzieherin-Kind-Beziehung. Zentrum von Bildung und Erziehung. Berlin: Cornelsen 2007

Bernitzke, F./Schlegel, P.: Das Handbuch der Elternarbeit. Troisdorf: Bildungsverlag Eins 2004

Blank, B./Eder, E.: Zusammenarbeit mit Eltern in Kindertageseinrichtungen. Arbeitshilfen für die Praxis. Kronach: Carl Link, 2. Aufl. 2000

Blucha, U.: Vom Umgang mit schwierigen Eltern. Entdeckungskiste 2004, Heft 1, S. 70-72

Bostelmann, A. (Hrsg.): Praxisbuch Krippenarbeit. Leben und Lernen mit Kindern unter 3. Mülheim: Verlag an der Ruhr 2008

Burtscher, I.M.: Der Kindergarten – ein Ort zeitgemäßer Bildung?! Ein Beitrag zur Professionalisierung von ElementarpädagogInnen. Dissertation an der geisteswissenschaftlichen Fakultät der Leopold-Franzens-Universität Innsbruck. Innsbruck: Manuskriptdruck 2002

Colberg-Schrader, H./Oberhuemer, P.: Ein Modell für Kindertageseinrichtungen der Zukunft? Ein Besuch im englischen Pen Green. In: Wunderlich, T./Hugoth, M./Jansen, F. (Hrsg.): Themenwechsel. Die Zukunft lernt im Kindergarten. Positionen und Impulse. Freiburg: Verband Katholischer Tageseinrichtungen für Kinder (KTK) – Bundesverband e.V. 2000, S. 377-380

Coleman, J.S. et al.: Equality of educational opportunity. Washington: U.S. Department of Health, Education, and Welfare 1966

Deutscher Bundestag: Bericht über Bestrebungen und Leistungen der Jugendhilfe – Achter Jugendbericht. Drucksache 11/6576. Bonn: Selbstverlag 1990

Diözesan-Caritasverband für das Erzbistum Köln e.V.: „Draußen vor der Tür?" Eltern in der Kindertagesstätte. Thesen zum Themenschwerpunkt des Fortbildungsjahres 1993/94. Köln: Selbstverlag 1993

Dunkl, H.-J.: Aufgaben und Rechte der Elternbeiräte in Kindergärten und anderen Tageseinrichtungen für Kinder. In: Hanns-Seidel-Stiftung (Hrsg.): Grundlagen für die Mitwirkung der Eltern an bayerischen Schulen und Kindergärten. München: Selbstverlag, 3. Aufl. 1998, S. 15-40

Elschenbroich, D.: Die Dinge. Expeditionen zu den Gegenständen des täglichen Lebens. München: Kunstmann 2010

Gerstacker, R.: Ich kann mein Kind nicht verstehen. Gesprächsrunden mit Eltern. Welt des Kindes 2000, 78 (1), S. 10-13

Gonzales-Mena, J./Widmeyer-Eyer, D.: Säuglinge, Kleinkinder und ihre Betreuung, Erziehung und Pflege. Ein Curriculum für respektvolle Pflege und Erziehung. Freiamt: Arbor Verlag 2008

Hackenberg, W.: Geschwister von Menschen mit Behinderung. Entwicklung, Risiken, Chancen. München, Basel: Ernst Reinhardt Verlag 2008

Hense, M.: Eltern engagieren sich. Zusammenarbeit mit Elternbeiräten, Elternräten oder Elternvertretungen. http://www.kindergartenpaedagogik.de/1546.pdf, 2001

Jansen, F.: Eltern als Kunden? Erziehung als gemeinsame Aufgabe von Familien und Einrichtungen. Theorie und Praxis der Sozialpädagogik 1995, 103, S. 313-317

Jansen, F./Wenzel, P.: Von der Elternarbeit zur Kundenpflege. Kindertageseinrichtungen auf dem Weg zu Dienstleistungsunternehmen. München: Don Bosco 1999

Kieff, J./Wellhousen, K.: Planning family involvement in early childhood programs. Young Children 2000, 55 (3), S. 18-25

Knisel-Scheuring, G.: Interkulturelle Elterngespräche. Gesprächshilfen für Erzieherinnen in Kindergarten und Hort. Lahr: Kaufmann 2002

Krause, M.P.: Gesprächspsychotherapie und Beratung mit Eltern behinderter Kinder. München, Basel: Ernst Reinhardt Verlag 2002

Laewen, H.-J./Andres, B./Hédervári, É.: Ohne Eltern geht es nicht. Die Eingewöhnung von Kindern in Krippen und Tagespflegestellen. Berlin: Cornelsen, 9. Aufl. 2019

Manning, D./Schindler, P.J.: Communicating with parents when their children have difficulties. Young Children 1997, 52 (5), S. 27-33

Matzner, M./Tischner, W. (Hrsg.): Handbuch Jungen-Pädagogik. Weinheim, Basel: Beltz, 2. Aufl. 2012

Ministerium für Familie, Kinder, Jugend, Kultur und Sport des Landes Nordrhein-Westfalen (Hrsg.): Gütesiegel Familienzentrum Nordrhein-Westfalen. Düsseldorf: Selbstverlag 2018

Ostermayer, E.: Unter drei – mit dabei. Wege zu einem qualifizierten Betreuungsangebot in der Kita. München: Don Bosco 2007

Parnass, R.: Elternbeschwerden. klein & groß 2003, Heft 11, S. 40-43

Plowden, B. (Hrsg.): Children and their primary schools. London: Her Majesty's Stationery Office 1967

Powell, D.R.: Reweaving parents into the fabric of early childhood programs. Young Children 1998, 53 (5), S. 60-67

Schlösser, E.: Zusammenarbeit mit Eltern – interkulturell. Informationen und Methoden zur Kooperation mit deutschen und zugewanderten Eltern in Kindergarten, Grundschule und Familienbildung. Münster: Ökotopia 2004

Schnabel, M.: Im Teufelskreis der negativen Emotionen. Wie die Spirale der Negation im Elterngespräch aufgebrochen werden kann. klein & groß 2001, Heft 6, S. 20-23

Statistische Ämter des Bundes und der Länder (Hrsg.): Kindertagesbetreuung regional 2018. Ein Vergleich aller Kreise in Deutschland. Wiesbaden: Selbstverlag 2019

Statistisches Bundesamt: Kinderlosigkeit, Geburten und Familien. Ergebnisse des Mikrozensus 2018. Wiesbaden 2019

Stipek, D./Rosenblatt, L./DiRocco, L.: Making parents your allies. Young Children 1994, 49 (3), S. 4-9

Strobel, B.U.M.: Heilpädagogik für ErzieherInnen. München, Basel: Ernst Reinhardt Verlag 2005

Stürmer, G.: Neue Elternarbeit. Basiswissen Kita. Sonderheft der Zeitschrift „Kindergarten heute". Freiburg, Basel, Wien: Herder, 3. Aufl. 2003

Textor, M.R. (Red.): Elternmitarbeit: Auf dem Wege zur Erziehungspartnerschaft. München: Bayerisches Staatsministerium für Arbeit und Sozialordnung, Familie, Frauen und Gesundheit 1996

Textor, M.R.: Vernetzung von Kindertageseinrichtungen mit psychosozialen Diensten. http://www.kindergartenpaedagogik.de/18.html, 1999

Textor, M.R.: Von der Erziehungspartnerschaft zur Bildungspartnerschaft. http://www.kindergartenpaedagogik.de/798.html, 2002

Textor, M.R.: Die Bildungsfunktion der Familie stärken: Neue Aufgabe der Familienbildung, Kindergärten und Schulen? Nachrichtendienst des Deutschen Vereins für öffentliche und private Fürsorge 2005, 85 (5), S. 155-159

Textor, M.R.: Die „NICHD Study of Early Child Care" – ein Überblick. http://www.kindergartenpaedagogik.de/1602.html, 2007a

Textor, M.R.: Forschungsergebnisse zur Effektivität frühkindlicher Bildung: EPPE, REPEY und SPEEL. http://www.kindergartenpaedagogik. de/1615.html, 2007b

Textor, M.R.: Ihr Kind auf dem Wege zum Schulkind. So fördern Sie seine Entwicklung während der Kindergartenzeit und nach der Einschulung. http://www.ipzf.de/Weg_Schulkind.pdf, 2008

Textor, M.R.: Den Begriff „Kindergarten" beibehalten – ein Plädoyer. http://www.kindergartenpaedagogik.de/1666.html, 2012

Textor, M.R.: 365 Aktivitäten zur Förderung der Entwicklung Ihres Kleinkindes. http://www.kindergartenpaedagogik.de/2295.pdf, 2014

Textor, M.R.: Kita-Förderverein. http://www.kindergartenpaedagogik.de/ 2315.html, 2015

Textor, M.R.: Flüchtlingsfamilien. http://www.kindergartenpaedagogik. de/526.html, 2016a

Textor, M.R.: Flüchtlingskinder in der Kita. http://www.kindergartenpaedagogik.de/2386.html, 2016b

Textor, M.R.: Zukunftsorientierte Pädagogik: Erziehen und Bilden für die Welt von morgen. Wie Kinder in Familie, Kita und Schule zukunftsfähig werden. Norderstedt: Books on Demand, 2. Aufl. 2018

Textor, M.R.: Verhaltensauffällige Kinder in Kindergarten und Kita. Ursachen, Prävention, Erziehung. Norderstedt: Books on Demand 2020a

Textor, M.R.: Projektarbeit im Kindergarten. Planung, Durchführung, Nachbereitung. Norderstedt: Books on Demand, 3., überarb. u. erg. Aufl. 2020b

Tietze, W./Becker-Stoll, F./Bensel, J./Eckhardt, A.G./Haug-Schnabel, G./Kalicki, B./Keller, H./Leyendecker, B. (Hrsg.): NUBBEK. Nationale Untersuchung zur Bildung, Betreuung und Erziehung in der frühen Kindheit. Fragestellungen und Ergebnisse im Überblick. http://www.nubbek. de/media/pdf/NUBBEK%20 Broschuere.pdf, 2012

Tietze, W./Roßbach, H.-G./Grenner, K.: Kinder von 4 bis 8 Jahren. Zur Qualität der Erziehung und Bildung in Kindertageseinrichtung, Grundschule und Familie. Weinheim, Basel: Beltz 2005

Tietze, W./Viernickel, S. (Hrsg.): Pädagogische Qualität in Tageseinrichtungen für Kinder. Ein nationaler Kriterienkatalog. Kiliansroda: verlag das netz 2016

Tschöpe-Scheffler, S. (Hrsg.): Konzepte der Elternbildung – eine kritische Übersicht. Leverkusen: Barbara Budrich, 2. Aufl. 2006

Verlinden, M./Külbel, A.: Väter im Kindergarten. Anregungen für die Zusammenarbeit mit Vätern in Tageseinrichtungen für Kinder. Weinheim, Basel: Beltz 2005

Workman, S.H./Gage, J.A.: Family-school partnerships: A family strengths approach. Young Children 1997, 52 (4), S. 10-14

Ziesche, U./Herrnberger, G./Karkow, C.: Qualitätswerkstatt Kita – Zusammenarbeit von Kita und Familie. Weinheim, Basel: Beltz 2003

Autor

Dr. Martin R. Textor, Jahrgang 1954, studierte Erziehungswissenschaft, Beratung und Sozialarbeit an den Universitäten Würzburg, Albany (New York) und Kapstadt. Er arbeitete 20 Jahre lang als wissenschaftlicher Angestellter am Staatsinstitut für Frühpädagogik in München. Vom November 2006 bis Dezember 2018 leitete er zusammen mit seiner Frau das nicht universitäre Institut für Pädagogik und Zukunftsforschung (IPZF) in Würzburg. Seit Januar 2019 ist er Rentner.

Martin R. Textor veröffentlichte 23 Monographien, 23 Fachbücher als (Mit-) Herausgeber, mehr als 470 Artikel in Fachzeitschriften, wissenschaftlichen Zeitschriften und (Hand-) Büchern (ohne graue Literatur), rund 300 Fachartikel im Internet sowie circa 660 Rezensionen. Ferner wirkte er an 485 Veranstaltungen – mit mehr als 24.600 Teilnehmer/innen – als Referent oder Fortbildner mit.

Gemeinsam mit Antje Bostelmann gibt Martin R. Textor „Das Kita-Handbuch" heraus (www.kindergartenpaedagogik.de). Ferner ist er Autor der Websites „Zukunftsorientierte Pädagogik" (www.zukunftsorientierte-paedagogik.de), „Zukunftsentwicklungen" (www.zukunftsentwicklungen.de) „Kindertagesbetreuung" (www.kindertagesbetreuung.de) sowie „Elternarbeit in Kita und Schule" (www.elternarbeit.info). Ausführliche Informationen über seine Person und seine Veröffentlichungen können auf www.ipzf.de abgerufen werden. Seine Autobiographie ist unter www.martin-textor.de zu finden.

Quellenangaben

Die Kapitel 2.1, 2.2, 2.3 und 2.5 (nur das Unterkapitel „Elternbeirat") stammen weitgehend aus der Broschüre „Elternmitarbeit: Auf dem Wege zur Bildungs- und Erziehungspartnerschaft" von Martin R. Textor und Brigitte Blank (2004), herausgegeben vom Bayerischen Staatsministerium für Arbeit und Sozialordnung, Familie und Frauen (StMAS). Die Broschüre ist nicht mehr erhältlich – weder als Druckerzeugnis noch als PDF-Datei auf der Website des Ministeriums. Überarbeitete und ergänzte Fassung. Abdruck mit Genehmigung durch das StMAS.